Inhaltsverzeichnis

Vorwort 2

Vorbemerkungen und Arbeitshinweise 3

Bildungsbereiche

- Sprachliche Bildung 8
- Musikalische Bildung 14
- Ästhetische Erziehung 15
- Umwelt- / Sach- und Naturbegegnung 21
- Gesundheit und Ernährung 26
- Mathematische Bildung 30
- Feste und Feiern 35
- Wahrnehmung und Entspannung 37
- Körpererfahrung und Bewegung 45
- Sozialerfahrungen 48

Vorwort

Liebe Erzieher*innen,

fast alle Kinder lieben nicht nur die in unseren Augen „schönen" Tiere, sondern nahezu alles, was auf unserer Erde so kreucht und fleucht. Dazu gehören bunte Schmetterlinge und flauschige Hummeln genauso wie krabbelnde Käfer, schillernde Libellen und hüpfende Heuschrecken.

In der Projektmappe „Insekten" finden Sie viele Angebote zu allen Bildungsbereichen, um den Kita-Alltag abwechslungsreich zu gestalten. Wissenstexte vermitteln Ihnen das Wichtigste über die bekanntesten und beliebtesten Insektenarten in Kurzform. Fantasievolle Arbeitsblätter, kreative Spielideen und attraktive Bastelanleitungen wecken den Wunsch der Kinder, sich mit den kleinen Lebewesen noch intensiver zu beschäftigen.

Beim gemeinsamen Anlegen eines Gartens für Insekten erforschen die Kinder die interessanten Nützlinge ebenso wie beim Darstellen ihrer Lebenszyklen, bei Zuordnungsspielen und bei einem Quiz. Die Kinder verkleiden sich bei einem Themenfest als Schmetterling, Biene oder Fliege, gestalten Glühwürmchen-Lichter und trinken dazu Honigmilch mit Heidelbeeren. Außerdem gibt es Puzzles, Kennenlern-Spiele, Buchstaben-Hüpfen und vieles mehr. Einige Arbeitsblätter eignen sich zur Hochbegabtenförderung, und auch für die ganz Kleinen sind viele schöne Angebote dabei.

Ich wünsche Ihnen und Ihren Kindern eine spannende und unterhaltsame Zeit mit der heimischen Insektenwelt.

Herzliche Grüße
Angelica Back

Hinweis: Liebe Fachkraft, wir möchten in unseren Materialien niemanden benachteiligen oder diskriminieren. Daher nutzen wir unter anderem das Gendersternchen, um alle Geschlechter anzusprechen. Im Folgenden verzichten wir jedoch aus Gründen der besseren Lesbarkeit darauf und nutzen weiterhin entweder die „neutrale" Form oder Doppelformen. Selbstverständlich sind stets alle Geschlechter gemeint.

Vorbemerkungen und Arbeitshinweise

Zu den verwendeten Symbolen

Bildungsbereiche (jeweils das äußerste Symbol oben rechts auf den Arbeitsblättern):

 Sprachliche Bildung

 Musikalische Bildung

 Ästhetische Erziehung

 Umwelt-, Sach- und Naturbegegnung

 Gesundheit und Ernährung

 Mathematische Bildung

 Feste und Feiern

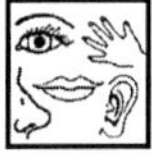 Wahrnehmung und Entspannung

 Körpererfahrung und Bewegung

 Sozialerfahrungen

Sonstige Symbole:

 geeignet für die Begabtenförderung

 für unter 3-Jährige geeignet

Layout:

- Die Seiten mit der **Biene** im Layout unten rechts sind für Sie gedacht.
- Die Seiten mit dem **Schmetterling** unten rechts sind Arbeitsblätter, die direkt mit den Kindern bearbeitet werden können.

Allgemeine Hinweise zur Organisation und Durchführung

Zum Umgang mit den Arbeitsblättern:
Bevor die Kinder die Arbeitsblätter bearbeiten, ist es sinnvoll, die Aufgabenstellung mit den Kindern zu besprechen. Hierfür eignen sich auch kleinere Gruppen. Für die Aufbewahrung der Arbeitsblätter gibt es verschiedene Möglichkeiten:

- Ablagefächer (alternativ unifarben gestaltete Deckel von Kopierkartons): Die Kinder haben so freien Zugriff auf die darin sortierten Arbeitsblätter und können ihre Aufgaben selbst auswählen.
- Jedes Kind verfügt über einen Schnellhefter, in den Sie regelmäßig nach Alter und Entwicklungsstand ausgewählte Arbeitsblätter (z. B. zwei Arbeitsblätter pro Woche) einheften oder gemeinsam mit dem Kind aussuchen. Die Kinder wählen den Zeitpunkt der Bearbeitung entweder frei oder es gibt festgelegte Zeiten, innerhalb derer ein Kind seine Arbeitsblätter bearbeiten kann.
- Die fertiggestellten Arbeitsblätter werden im Schnellhefter oder in einer Sammelmappe / einem Sammelordner abgeheftet bzw. gehören als Anlage zur Bildungsdokumentation oder zum Portfolio.
- Es empfiehlt sich, außerdem einen Schuhkarton für andere gefertigte Objekte anzulegen.

Schutzvorkehrungen in der Kita:

- Der Wildpflanzenbereich sollte am besten so weit wie möglich vom Spielbereich entfernt sein. Wenn Töpfe mit Wildblumen auf dem Fensterbrett stehen, ist es hilfreich, einen Fliegenschutz am Fenster anzubringen.
- Speisen und Getränke sollten am besten abgedeckt werden, damit keine Wespen angelockt werden.
- Bienen, Wespen und Hornissen stechen nur, wenn sie sich bedroht fühlen. Dazu gehört zum Beispiel das Herumwedeln mit den Händen oder der Versuch, das Insekt wegzupusten.

Erste Hilfe:
Ein einzelner Stich ist schmerzhaft, aber meist ungefährlich. Hier helfen Kühlpads oder ein heißer Waschlappen. Wenn der Stich nicht abschwillt oder sich entzündet, suchen Sie umgehend einen Arzt auf! Allergische Reaktionen auf ein Insektengift können für manche Menschen lebensgefährlich sein! Wenn ein Kind im Mund- oder Rachenbereich gestochen wurde oder ein Tier verschluckt hat, sofort Eiswürfel zum Lutschen geben und den Notarzt rufen!
Siehe auch: *www.kinderaerzte-im-netz.de/erste-hilfe/sofortmassnahmen/insektenstiche*

Authentische Erfahrungen machen:
Am schönsten ist es für Kinder, wenn sie die Insekten in ihrem natürlichen Lebensraum beobachten können, beispielsweise bei einem Spaziergang oder auf dem Kita-Gelände (in einem gemeinsam angelegten „Garten für Insekten", s. S. 25). Eine weitere Möglichkeit, etwas über die kleinen Lebewesen zu erfahren, ist das Anschauen von Tierdokumentationen:

- *https://www.zdf.de/dokumentation/terra-x/warum-sind-insekten-wichtig-creative-commons-clip-100.html („Darum sind Insekten wichtig")*
- *www.youtube.com/watch?v=tnyvOUF-dwc (SWR Kindernetz: „Ich kenne ein Tier – Biene")*
- *www.youtube.com/watch?v=4dSZgqdoWuQ („Im Garten der Schmetterlinge" – Reportage für Kinder)*
- *www.youtube.com/watch?v=4xjbDOBFmQM (Löwenzahn-Folge über Hummeln: „Die Biene im Pelz")*
- *www.zdf.de/kinder/loewenzahn/classics-peter-lustig-libellen-100.html (Löwenzahn-Folge über Libellen: „Teufelsnadeln stechen nicht")*
- *www.zdf.de/kinder/loewenzahn/classics-kaefer-100.html (Löwenzahn-Folge über Aas- und Mistkäfer: „Von Pillendrehern und Totengräbern")*

Internetadressen:

- *www.naju.de/für-kinder/insektenwelt/ („Entdecke die Insektenwelt" – mit vielen PDFs zum Download)*
- *www.pronatura.ch/sites/pronatura.ch/files/2020-11/uh_insekten.pdf („Die vier Jahreszeiten der Insekten" – umfangreiches Wissen mit vielen Abbildungen und Tabellen, 49-seitige PDF-Datei zum Download)*
- *naturdetektive.bfn.de/lexikon/zum-lesen/tiere/insekten-spinnen.html (Lexikon „Insekten und Spinnen" – viele Wissensseiten für Kinder vom Bundesamt für Naturschutz)*
- *www.waschbaer.de/magazin/insektenkunde-fuer-kinder/ (Wissen, Tipps und Erfahrungen)*
- *https://mecklenburg-vorpommern.nabu.de/imperia/md/content/mecklenburgvorpommern/projekteundaktionen/160926-nabu-faltblatt-gartenbesitzer-tagfalterschutz.pdf (6-seitiges PDF mit vielen Infos, um unsere Gärten für Schmetterlinge anziehender zu machen)*
- *www.bund.net/service/publikationen/detail/publication/schmetterlingskalender-wann-fliegt-wer/ (Schmetterlingskalender vom BUND)*

Bilderbücher:

- Carle, Eric: „Das kleine Glühwürmchen". Gerstenberg 2023
- Carle, Eric: „Der kleine Käfer Immerfrech". Gerstenberg 2011
- Carle, Eric: „Die kleine Grille sing ihr Lied". Gerstenberg 2009
- Carle, Eric: „Die kleine Raupe Nimmersatt". Gerstenberg 2009
- Guggenmos, Josef: „Ein Riese warf einen Stein". Beltz & Gelberg 2020
- Häfner, Carla und Wessel, Kathrin: „Der kleine Marienkäfer". Oetinger 2022
- Häfner, Carla und Lohß, Sandy: „Die kleine Biene". Oetinger 2022
- Henkel, Christine: „Mein erstes Wimmelbuch: Krabbeltiere in Feld, Wald und Wiese: Die Welt der Insekten". Esslinger 2021
- Prasadam-Halls, Smriti und Scobie, Lorna: „Kribbel Krabbel auf der Wiese". Fischer Sauerländer 2017
- Schmidt, Hans-Christian und Német, Andreas: „Schmetterlingswunder". Fischer Sauerländer 2020

Sachbücher:

- WAS IST WAS Junior Band 33, ab 4 Jahren: „Insekten". Tessloff 2019
- WAS IST WAS Junior Band 34, 4–7 Jahre: „Bienen, Wespen, Hummeln". Tessloff 2020
- Trötsch Fensterbuch, 3–6 Jahre: „Der Ameisenhügel. Fensterbuch zum Staunen und Lernen". Trötsch 2018

- „Wie wird eine Raupe zum Schmetterling?“, 3–6 Jahre. Dorling Kindersley 2019
- Hutts Aston, Dianna, 4–6 Jahre: „Die fabelhafte Welt der Käfer“. Loewe 2018
- Reitmeyer, Andrea, 3–6 Jahre: „Kleine Biene Hermine, wo bist du zu Haus?“. Jumbo 2018
- Riha, Susanne, 5–7 Jahre: „Schau mal, was da krabbelt: Die Insekten im Jahreslauf“. Annette Betz 2018
- Robin, Clover, 3–4 Jahre: „Mein Insektenhotel – Biene, Schmetterling und Käfer“. cbj 2020
- Socha, Piotr, 4–9 Jahre: „Bienen“. Gerstenberg 2016
- Zommer, Yuval, 4–7 Jahre: „Das große Buch der Krabbeltiere“. Fischer Sauerländer 2019

Tipps und Anregungen zu den einzelnen Angeboten

Zu „Ein Garten für Insekten“, S. 25:
Wenn Sie einen größeren Bereich zur Verfügung haben, können Sie ihn naturnah mit heimischen Pflanzen, Sträuchern und Bäumen gestalten. Als Sichtschutz sind Wildsträucher ideal, denn sie bieten vielen Insekten, Vögeln und anderen Tieren Nahrung, Schutz und Lebensraum. Lassen Sie am besten einige Stellen im Garten verwildern und abgeschnittenes Gehölz liegen. Letzteres dient vielen Insekten als Unterschlupf für den Winter. Überzüchtete Pflanzen mit gefüllten Blüten – dazu gehören zum Beispiel die Arten einiger Hortensien, Rosen, Dahlien, Tulpen und Geranien – sind wertlos für Biene, Schmetterling und Co. Aus diesen Blumen wurden die Staubgefäße, die den für Insekten lebenswichtigen Nektar und auch Pollen liefern, weggezüchtet. Giftige Pestizide sollten in einer ökologischen, tierfreundlichen Gartengestaltung nicht eingesetzt werden. Es gibt biologische Pflanzenschutz- und Düngemittel, welche den Tieren und der Erde nicht schaden.

Zu den Rezepten im Bereich „Gesundheit und Ernährung“, S. 26 und 27:
Verwenden Sie – der Gesundheit und Umwelt zuliebe – Zutaten in Bioqualität, aus dem eigenen Garten oder aus Wildsammlungen. Verwenden Sie diese jedoch nicht aus der Nähe viel befahrener Straßen!
Achtung: Bitte berücksichtigen Sie bei der Auswahl der Zutaten eventuelle Lebensmittelunverträglichkeiten der Kinder.

Zu „Mein Zahlenbuch“, S. 33:
Mit diesem Zahlenbuch lernt das Kind, eine abstrakte Zahl mit einer Mengenangabe zu verbinden. Schreiben Sie zur Veranschaulichung die richtige Reihenfolge der Zahlen an eine Tafel oder pinnen Sie diese an ein Magnetboard. Für jede Zahl können auch mehrere Seiten abgeheftet werden. Damit das Zahlenbuch nicht zu dick wird, können Sie pro Zahl oder für je 1 bis 3 Zahlen ein kleines Heft anfertigen. Die Kinder können zusätzlich zu den Stickern im Angebot auch Stempel verwenden. Hierzu eignen sich besonders kleine Stempel von Insekten, Blüten, Blumen, Blättern …

Zu „Bienentanz“, S. 44:
Mit einem Rund- oder Schwänzeltanz „beschreibt“ die Biene ihren Mitbewohnerinnen, wo nektar- und pollenreiche Blumen zu finden sind. Je öfter sie das Tänzchen aufführt, desto ergiebiger ist der Ort. Sie sendet auch Duftstoffe aus, damit die anderen wissen, um welche Blüten es sich handelt.

Wissenswertes zum Thema „Insekten“

Insekten gibt es seit ca. 350 Millionen Jahren. Mehr als die Hälfte aller Lebewesen auf der Erde gehören zur Klasse der Insekten. Die bekanntesten sind Schmetterlinge, Libellen, Käfer, Heuschrecken, Hautflügler (Bienen, Wespen, Ameisen) und Zweiflügler (Fliegen, Mücken). Insekten gehören zu den Gliedertieren, das heißt, ihr Köper besteht aus drei Teilen: Kopf, Brust und Hinterleib. Sie haben kein Skelett, sondern einen Chitinpanzer, der den Körper zusammenhält. Alle Insekten haben sechs Beine und ausgewachsene Tiere besitzen Fühler und meist Flügel. Die meisten Insekten legen Eier, aus denen dann die Jungen schlüpfen. Sie werden, je nach Art, entweder Larven oder Nymphen genannt. Diese Junginsekten sehen oft komplett anders aus als ihre Eltern. Während ihrer Entwicklung müssen einige Insekten mehrmals ihre alte Haut abstreifen, denn der Chitinpanzer wächst nicht mit. Andere Insekten verpuppen sich und entwickeln sich so zum „Imago“, also zum geschlechtsreifen Insekt. Diese Veränderung nennt man „Metamorphose“.

Hintergrundinformationen zu den bekanntesten Insekten

Bei den **Schmetterlingen** wird zwischen Tag- und Nachtfaltern unterschieden. Zu den heimischen Tagfaltern gehören u. a. Bläuling, C-Falter, Schillerfalter, Schwalbenschwanz, Tagpfauenauge und Zitronenfalter. Häufige Nacht-Familien sind Eulenfalter und Widderchen. Ihre Lebensräume sind Wälder, Wildwiesen, Fluss- oder Seeufer und ihre Nahrung besteht aus dem Nektar ungefüllter Blüten. Sie mögen besonders gern Blüten in den Farben Pink, Lila, Rot, Orange und Gelb. Einige Schmetterlinge ernähren sich auch von Fallobst oder vom Honigtau der Blattläuse. Im Sommer findet der Hochzeitsflug der Schmetterlinge statt. Anschließend legen die Weibchen Eier an die Futterpflanzen (oft an Brennnesseln). Aus diesen schlüpfen Raupen, deren einzige Beschäftigung aus Fressen besteht, damit sie genug Energie für die spätere Umwandlung haben. Ist die Zeit gekommen, heften sie sich an eine Pflanze und werden zur Puppe. In dieser Hülle findet die Transformation statt: In der Raupe entwickeln sich Imago-Zellen und gleichzeitig lösen Enzyme ihren Körper auf. Die Imago-Zellen verwandeln die Raupe in einen Schmetterling. Die meisten Falter leben nur wenige Tage, Wochen oder Monate. Es gibt jedoch auch solche, die in Höhlen überwintern oder im Herbst in den Süden ziehen.

Libellen kann man gut an ihrem langen, dünnen Leib und ihren langen, schillernden Flügeln erkennen. Sie sind wahre Flugkünstler, die sogar rückwärts fliegen und während des Flugs in der Luft stehen bleiben können. Libellen leben an Gewässern und fressen kleine Insekten, die sie im Flug erbeuten. Auch Libellen kommen nicht flugfertig zur Welt: Sie schlüpfen als Larven aus Eiern, welche die Weibchen im Wasser ablegen. Dort verbringen die Jungtiere bis zu 5 Jahre. Die meisten Larvenstadien dauern 1–2 Jahre. Die Larven häuten sich in der Zeit mehrfach, bis sie als Libelle das Wasser verlassen. Früher glaubte man, dass Libellen stechen können – das stimmt jedoch nicht, denn die Tiere haben keinen Stachel.

Heuschrecken haben kräftige Hinterbeine, mit denen sie weit springen, und kürzere Vorderbeine, mit denen sie hören können. Wenn sie ihre Flügel aneinanderreiben, erzeugen sie damit das typische Zirpen, das im Hochsommer zu hören ist. Damit wollen die Männchen die Weibchen anlocken. Zur Ordnung der Heuschrecken gehören auch die Echten Grillen. Beide Gruppen besitzen sehr lange Fühler, die als Riechorgane dienen. Ihr Körper ist entweder braun oder grün. Heuschrecken benötigen ein warmes, trockenes Klima und leben hauptsächlich auf Wiesen und in Laubwäldern. Je nach Art ernähren sie sich von Gras, Blättern, Insekten oder Blattläusen. Sie selbst sind eine wichtige Nahrungsquelle für Störche.

Käfer

Die bei uns bekanntesten **Käfer** sind Marienkäfer, Maikäfer, Mistkäfer und Leuchtkäfer.
Marienkäfer gehören zu den beliebtesten ihrer Art und gelten als Glückssymbol. Sie sind nicht nur für uns, sondern auch für das Ökosystem sehr nützlich, denn sie vertilgen große Mengen an Pflanzenschädlingen. **Marienkäfer** haben einen halbkugeligen, kleinen Körper mit schwarz-gepunkteten, meist roten Flügeln. An den Punkten kann man jedoch nicht das Alter ablesen, wie oft gedacht wird, sondern die Art erkennen. Marienkäfer leben in Wäldern, Wiesen, Parks und Gärten. An den ersten warmen Frühlingstagen kommen sie aus ihren Winterquartieren und suchen sich einen Partner. Die Weibchen legen ihre Eier auf Pflanzen mit viel Blattlausbefall ab, damit die Larven nach dem Schlüpfen gleich etwas zu futtern haben.
Maikäfer sind große, rotbraune Käfer, die an warmen Abenden mit lautem Brummen in Wäldern und Gärten umherfliegen. Sie sind Pflanzenfresser und mögen besonders gern die Blätter von Laubbäumen. Ein Erkennungsmerkmal sind auch ihre fächerartigen Fühler mit den sieben Plättchen – mit diesen können besonders die Maikäfer-Männchen sehr gut riechen. Für viele Tiere wie Vögel, Igel und Fledermäuse sind die Käfer eine Lieblingsspeise.
Mistkäfer sieht man häufig auf Waldwegen. Sie sind gut an ihren schwarzen oder blauschwarzen Flügeln zu erkennen. Da sie sich vom Dung der Wildtiere ernähren, erfüllen sie eine wichtige Aufgabe im Naturkreislauf.
Leuchtkäfer, besser bekannt als „Glühwürmchen“, sind in Sommernächten aktiv und auf Partnersuche. Dabei leuchtet ihr Hinterleib, was durch bestimmte Enzyme entsteht. Diese Fähigkeit, Licht zu erzeugen, wird „Biolumineszenz“ genannt. Leuchtkäfer leben auf Wiesen, in Wäldern und Gärten. Sie ernähren sich von Schnecken, Insekten, Pollen und Nektar.

Hautflügler

Bienen, Wespen und Ameisen gehören zur Ordnung der Hautflügler. Diese sind als Pflanzenbestäuber für ein gut funktionierendes Ökosystem von essenzieller Bedeutung.

Zur Familie der **Bienen** zählen Hummeln, Honigbienen und viele andere Bienenarten, die oft als „Wildbienen" bezeichnet werden. Sie haben Facettenaugen, einen gelb- oder braun-schwarz gestreiften Leib und sind – im Gegensatz zu den Wespen – hinter dem Kopfbereich pelzig behaart. Mit ihren Fühlern können sie tasten und riechen. Nur wenige Arten leben in Völkern, die meisten sind Einzelgänger. Ein Honigbienenvolk besteht aus einer Königin, die die Eier legt, und vielen Arbeiterinnen, welche die Brut aufziehen, Waben bauen, Blütenpollen und -nektar sammeln. Daneben gibt es noch wenige Männchen, die „Drohnen". Deren Aufgabe ist es, die Königin zu befruchten. Wild lebende Bienenarten sind gefährdet, da sie natürliche Lebensräume benötigen, in denen auch Totholz liegen bleiben darf.

Hummeln haben einen pummeligen, pelzigen Körper. Ihr Volk ist ebenso wie das der Honigbienen aufgeteilt. Eine Besonderheit ist, dass ihr flauschiger Pelz und ihre Fähigkeit, sich durch Vibrationen (die auch die typischen Brummtöne erzeugen) zu wärmen, sie vor Kälte schützt. Daher sind Hummeln im Jahr und auch bei Tag früher und länger unterwegs als Honigbienen. Auch können sie mit ihrer langen Zunge besonders gut tiefe Blüten bestäuben. Auch können sie durch ihre Vibration Pollen aus tiefen Blüten herausschütteln.

Wespen und ihre Unterart, die deutlich größeren und weniger aggressiven Hornissen, bilden Staaten. Das soziale Gefüge ist hier ebenso aufgeteilt wie bei den Bienen. Sie nisten an Waldrändern und Gewässern in Erdhöhlen und Bäumen. Wespen ernähren sich von Fallobst, süßen Speisen und Säften. Sie jagen aber auch andere Insekten, da ihr Nachwuchs proteinreiche Nahrung benötigt. Auch aus diesem Grund sind sie wichtig für das Ökosystem und stehen unter Naturschutz.

Ameisen bilden ebenfalls Staaten. Ihr Volk ist aufgeteilt wie das der Bienen. Doch bei den Ameisen tragen nur die Königin und ihr Partner bis zur Befruchtung Flügel. Das bekannteste Ameisennest ist das Hügelnest mit vielen Höhlen und Gängen. Ameisen ernähren sich von Pflanzen, Aas, Insekten und den Ausscheidungen von Blattläusen. Für ein intaktes Ökosystem sind sie besonders wichtig, denn sie verbreiten Pflanzensamen, lockern den Boden auf, fördern die Humusbildung, „recyceln" tote Tiere, vernichten (Schad-)Insekten und sind selbst Nahrung für andere Tiere.

Fliegen und Mücken gehören zur Ordnung der **Zweiflügler.**

Fliegen können in den unterschiedlichsten Lebensräumen vorkommen. Sie ernähren sich von organischen Substanzen und, je nach Art, von zuckerhaltigen Flüssigkeiten, gärenden Stoffen, Fleisch, Kot und anderen Insekten. Ihre Eier legen sie in organischen Substanzen ab, damit die Larven gleich nach dem Schlupf Futter finden. Es gibt aber auch Fliegenarten, die Larven und keine Eier legen. Obwohl Fliegen deshalb auch als Krankheitsüberträger gelten, sind sie vor allem Abfallverwerter. Ihr Geruchssinn in den Fühlern führt sie zielsicher zu Orten mit Nahrung.

Auch **Mücken** sind sehr anpassungsfähig, brauchen jedoch ein feucht-warmes Klima. Erwachsene Tiere ernähren sich hauptsächlich von Pflanzensäften und Nektar. Die Weibchen benötigen jedoch nach der Paarung für die Entwicklung der Larven Proteine und Eisen aus Blut. Mit ihrem ausgezeichneten Geruchssinn finden sie noch auf 50 Meter Entfernung geeignete Opfer. Ihre Eier werden oft auf Wasseroberflächen abgelegt. Viele Mücken sind dämmerungs- und nachtaktiv.

Artenvielfalt und Naturschutz

Insekten sind essentiell für das Wachstum der Pflanzen. Ohne sie gäbe es keine blühenden Wiesen, kein Obst und kein Gemüse. Leider wird ihr Lebensraum durch Städteplanung und den Einsatz von Pestiziden in der industriellen Landwirtschaft immer mehr zerstört. Oft bieten auch unsere Gärten den Insekten keine Alternative, da exotische und überzüchtete Pflanzen bei den Menschen beliebter sind als wilde Gewächse, die bei vielen als „Unkraut" verschrien sind. Eine artuntypische und mit Pflanzenschutzmitteln behandelte Flora bietet Bienen, Hummeln, Schmetterlingen und Co. jedoch keine Nahrung und somit auch keine Lebensgrundlage. In dieser Projektmappe finden Sie hilfreiche Tipps (s. S. 25), wie Sie auch auf kleinstem Raum ein Insektenparadies schaffen können. Weitere Möglichkeiten, um einen Beitrag zu Nachhaltigkeit und Biodiversität zu leisten, werden im Folgenden genannt:

- Kaufen Sie regionale und saisonale Lebensmittel im Bioladen, bei ökologisch produzierenden Bauern und auf dem Wochenmarkt. Oft gibt es auch Möglichkeiten, Biokisten zu bestellen.
- Bevorzugen Sie Honig vom lokalen Imker und Fruchtsaft von Streuobstwiesen.

Richtig oder falsch? (ab 4 Jahren)

Material:
Wissenstexte über Insekten aus den Vorbemerkungen

Vorbereitung:
Dieses Quiz eignet sich gut, wenn die Kinder bereits etwas Wissen über die verschiedenen Insekten gesammelt haben. Die Wissenstexte vermitteln Ihnen und Ihrer Gruppe das Wichtigste über die bekanntesten Insektenarten in Kurzform. Sie könnten beispielsweise jeden Tag einen Wissenstext vorbereiten und diesen mit den Kindern besprechen. Am letzten Tag findet das Quiz statt.

Arbeitsanleitung:
Lesen Sie jede der nachfolgenden Aussagen langsam vor. Die Kinder überlegen, ob das Gesagte stimmt oder nicht. Dies regt auch dazu an, mit den Kindern zu diskutieren, wie es denn nun wirklich ist.

- Die Hummel hat einen pelzigen Körper.
- Der Marienkäfer wird auch Maikäfer genannt.
- Nur die Bienenkönigin kann Eier legen.
- Der Schmetterling war vorher eine Raupe.
- Ameisen sind keine Insekten.
- An den Punkten des Marienkäfers kann man sein Alter erkennen.
- Glühwürmchen kann man im Sommer beobachten.
- Es gibt Schmetterlinge, die bei Tag fliegen, und solche, die in der Nacht unterwegs sind.
- Libellen können stechen.
- Heuschrecken hören mit ihren Beinen.
- Der Mistkäfer hat grüne Flügel.
- Schmetterlinge haben Lieblingsfarben.
- Fliegen haben sechs Beine.
- Im Winter gibt es keine Insekten.

Tipp:
Ergänzen und erweitern Sie die Aussagen mit den Informationen aus den Wissenstexten.

Wie heißt der Anfangsbuchstabe? (1) (ab 4 Jahren)

Material:
Kopiervorlage „Wie heißt der Anfangsbuchstabe?“ (s. u. und S. 10), Schere, kleine Holzklammern, evtl. Buntstifte

Vorbereitung:
Vergrößern Sie die Kopiervorlage und schneiden Sie alle Kärtchen aus.

Spielanleitung:
1. Die Kinder schauen sich ein Bild nach dem anderen an und überlegen, was darauf abgebildet ist.
2. Wer es weiß, sagt den Namen des Insekts. Natürlich kann auch geraten werden.
3. Wenn der richtige Name genannt ist, wird eine Holzklammer an den entsprechenden Buchstaben auf dem Kärtchen gesetzt.
4. Anschließend können die Bilder mit Buntstiften ausgemalt werden.

Tipp:
Das Lernspiel kann auch als Aktionstablett gestaltet werden. Dafür werden alle ausgeschnittenen Kärtchen mit den Klammern (und eventuell Buntstiften) auf ein Tablett gelegt und jeweils ein Kind beschäftigt sich damit.

Kopiervorlage „Wie heißt der Anfangsbuchstabe?“ (1)

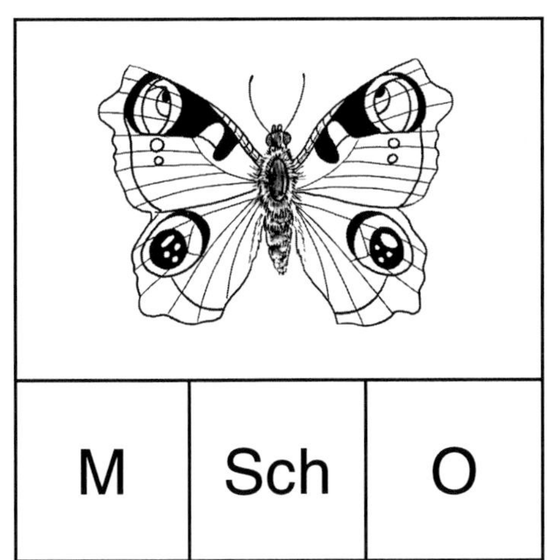

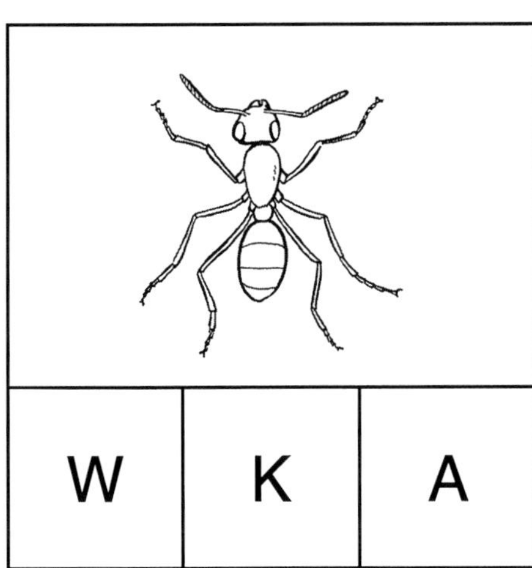

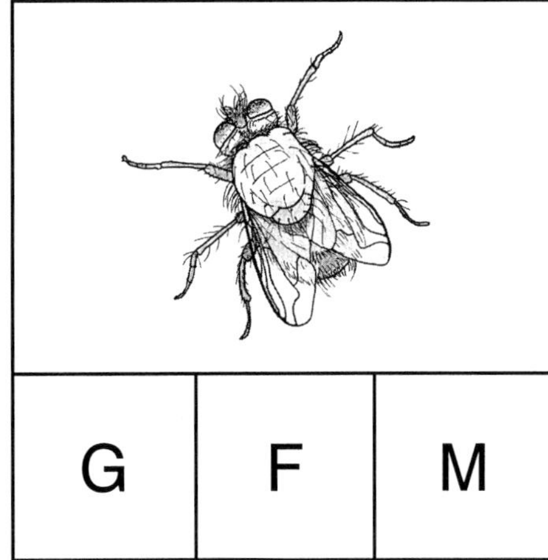

Kopiervorlage „Wie heißt der Anfangsbuchstabe?“ (2)

G	F	A

L	N	J

M	I	Z

H	Z	E

W	L	T

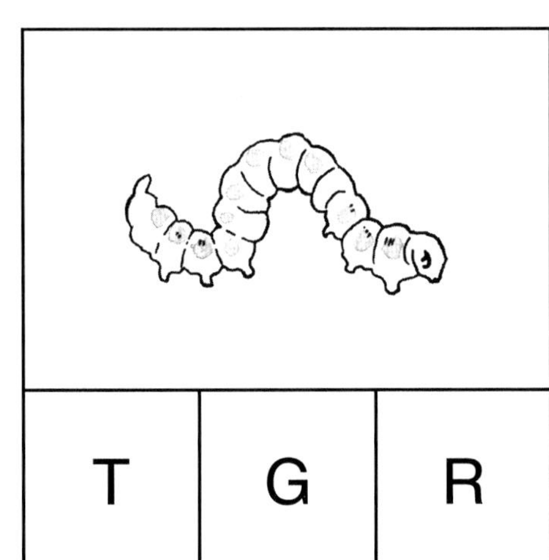

T	G	R

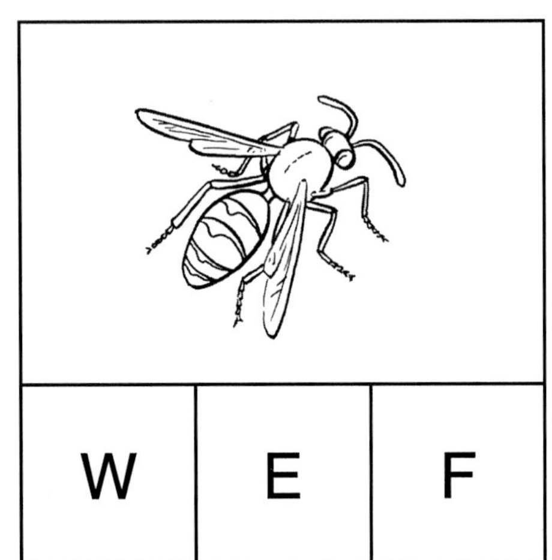

W	E	F

H	P	N

Von Bienchen und Blümchen (ab 5 Jahren)

Material:
bunte Straßenmalkreide (alternativ: DIN-A4-Papier, Klebestreifen und Filzstifte in verschiedenen Farben)

Vorbereitung:
Malen Sie mit der Straßenmalkreide im Hof der Kita oder in einem verfügbaren, kindersicheren Outdoor-Bereich viele größere bunte Blumen mit etwas Abstand zueinander auf das Pflaster. Malen Sie so, dass in jede Blume ein Großbuchstabe des Alphabets hineinpasst. Schreiben Sie dann in jede Blume einen Buchstaben hinein. Es genügen einige Blumen / Buchstaben, es muss nicht das ganze Alphabet aufgeschrieben werden.

Alternativ können Sie im Bewegungsraum viele Papierbögen verteilen. Malen Sie zuvor mit den Filzstiften auf jedes Papier eine große Blume mit einem jeweils anderen Großbuchstaben. Damit nichts verrutscht und die Kinder beim Hüpfen nicht auf dem Papier ausrutschen, befestigen Sie die Papierbögen mit Klebestreifen am Boden.

Spielanleitung:
1. Die Kinder sind bei diesem Spiel die Bienen. Rufen Sie einen Buchstaben aus und die Bienenkinder fliegen los, um die Blume mit dem genannten Buchstaben zu finden. Dabei bewegen sie ihre Arme wie Flügel.
2. Haben sie die entsprechende Blume gefunden, „fliegen" sie darauf und rufen laut den Buchstaben.

Tipp:
Wenn drinnen gespielt wird, können Sie zur Untermalung passende Hintergrundmusik laufen lassen. Diese sollte nicht zu laut sein, damit Ihre und die Rufe der Kinder noch gut hörbar sind.

Kopiervorlage „Libellen"

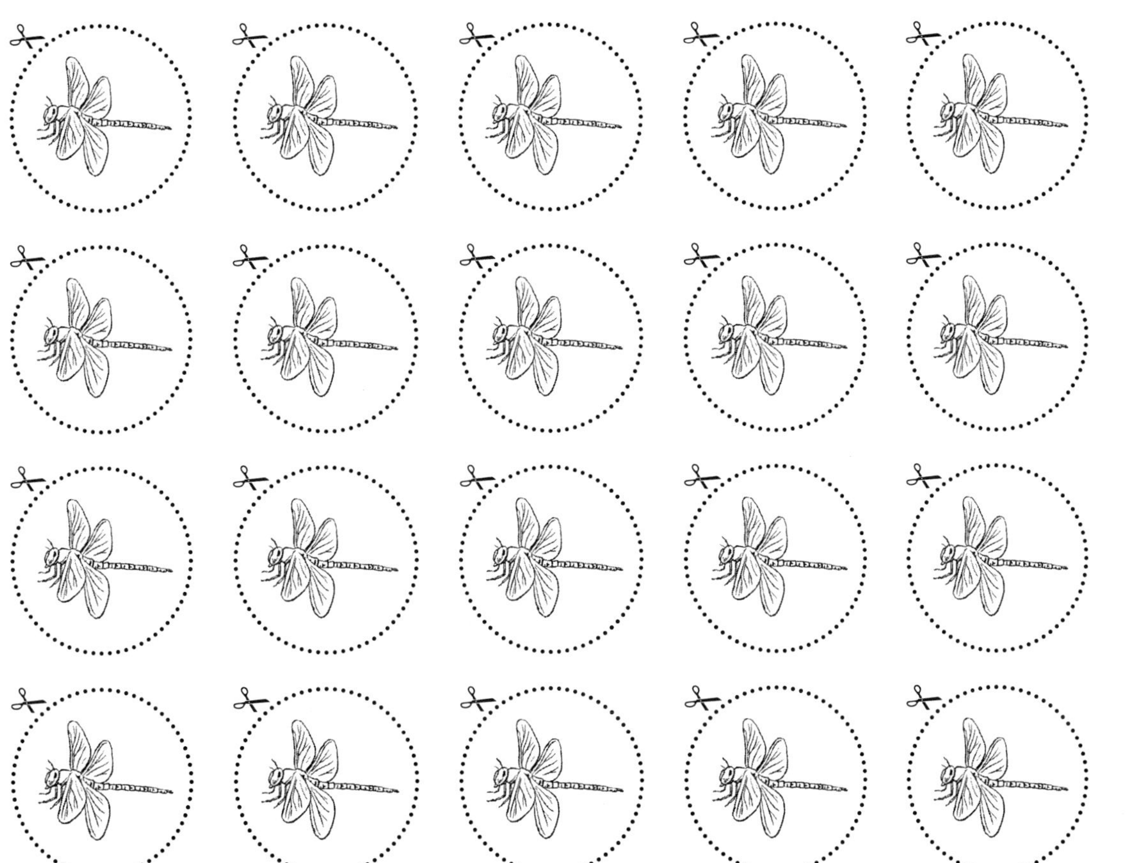

(Bei Bedarf bitte hochkopieren.)

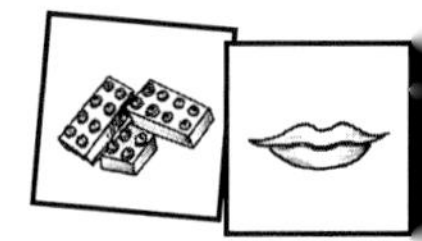

Farbspiel „Am Libellenteich“ (ab 2 Jahren)

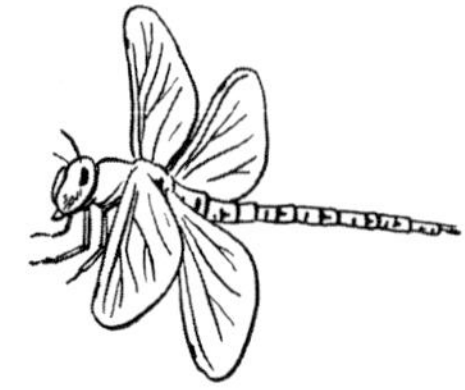

Material:
Kopiervorlage „Libellen“ (s. S. 11), Kopiervorlage „Libellenteich“ (s. S. 13), 1 Schere, 1 Würfel (1–6 Augen/Punkte), 1 Farbwürfel, Malstifte in den Farben des Farbwürfels, ggf. Laminiergerät und -folie

Vorbereitung:
Kopieren Sie die Vorlage „Libellenteich“ sechs Mal. Die Vorlage „Libellen“ kopieren Sie so oft, wie Libellen je nach Spielversion (s. u.) und Anzahl der Spieler benötigt werden. Umranden Sie jeden Teich mit einer der Farben des Farbwürfels. Die Libellen werden ebenfalls in je einer Farbe des Farbwürfels angemalt.
Bei diesen Vorbereitungen helfen die Kinder bestimmt gerne mit. Es bietet sich an, den Libellenteich und die Libellen zur besseren Haltbarkeit zu laminieren.

1. Spiel-Version für ein Kind:
Alle Teiche und Libellen liegen aus. Das Kind sortiert die Libellen in den farblich passenden Teich. Dies kann es allein oder in Begleitung eines Erwachsenen machen. Dieser kann das Kind beispielsweise ermuntern, die entsprechenden Farben zu benennen.

2. Spiel-Version für mehrere Kinder (ohne Gewinner):
Jedes Kind bekommt einen Teich. Die Libellen liegen gut erreichbar für alle Mitspieler in der Mitte. Die Kinder würfeln abwechselnd, benennen die Farbe und legen dann die Libelle dieser Farbe in ihren Teich.

3. Spiel-Version für mehrere Kinder (mit Gewinner):
Jedes Kind bekommt ein passendes Set farbiger Libellen, zum Beispiel drei von jeder Farbe. Die Teiche liegen für jeden sicht- und erreichbar auf dem Tisch. Es wird reihum mit dem Farbwürfel gewürfelt und die farblich passende Libelle in den richtigen Teich gelegt. Dabei benennt das Kind die Farbe: „Blau.“
Je nach Alter kann es einen ganzen Satz sagen: „Ich lege die blaue Libelle in den blauen Teich.“
Wird eine Farbe gewürfelt, von der keine Libelle mehr da ist, ist das nächste Kind an der Reihe.
Wer zuerst alle Libellen im Teich hat, gewinnt.

4. Spiel-Version für mehrere Kinder (mit oder ohne Gewinner):
Diese Spiel-Version verbindet Farberkennung, sprachliche und mathematische Bildung: Jedes Kind bekommt einen Teich und eine ausreichende Anzahl an Libellen (mindestens 18) liegt in der Mitte des Tisches aus. Wer an der Reihe ist, würfelt mit dem Farb- und Augenwürfel gleichzeitig. Das Kind legt dann die richtige Anzahl und die farblich passenden Libellen in seinen Teich. Dabei sagt es zum Beispiel: „Ich lege drei grüne Libellen in meinen Teich.“

Kopiervorlage „Libellenteich“

(Bei Bedarf bitte hochkopieren.)

Klingendes Mobile „Ich bin ein Schmetterling“ (ab 1 Jahr)

Material:
Kopiervorlage „Schmetterling“ (s. u.), weißes, dickeres Malpapier, Aquarell- oder Wasserfarben, Pinsel, evtl. verschiedene Materialien zum Bedrucken (z. B. Luftpolsterfolie, Schwämmchen), Scheren, Bleistifte, 1 verzweigter Ast, (farbige) Schnur/Wolle, 1 kleines Glöckchen pro Kind, Ganzkörper-Kinderfotos, Kleber

Vorbereitung:
Bitten Sie die Eltern vorab um ein Ganzkörper-Foto ihres Kindes – passend zum Thema am besten in Sommerkleidung. Schneiden Sie dann den Umriss der Kinder aus den Fotos aus. Kopieren Sie nun je eine Schmetterlingsvorlage passend zur Größe des Kinderfotos und schneiden Sie diese aus. Den größeren, verzweigten Ast können Sie bei einem (gemeinsamen) Spaziergang vom Waldboden aufsammeln.

Arbeitsanleitung:
1. Jedes Kind bekommt ein Blatt Malpapier, auf dem es sich kreativ austoben kann. Mit Schwämmchen oder Luftpolsterfolie und Aquarell- oder Wasserfarben können beispielsweise bunte Punkte aufgedruckt oder mit den Fingern farbige Tupfen gestempelt werden. Mit dem Pinsel können die Kinder wild herumklecksen oder Farbe auf das Papier spritzen.
2. Nachdem die Kunstwerke getrocknet sind, legen die Kinder ihre Schmetterlingsvorlage auf eine besonders schöne Stelle ihres bemalten Blattes und umrahmen sie mit Bleistift.
3. Je nach Alter schneiden die Kinder selbst oder Sie den Schmetterling aus.
4. Nun wird die Rückseite der Kinderfotos mit Kleber bestrichen und als Schmetterlingskörper in die Mitte der Flügel geklebt.
5. Jetzt wird ein längeres Stück Schnur oder Wolle (in einer passenden Farbe) so an die Rückseiten der Schmetterlinge geklebt, dass oben ein längeres und unten ein kürzeres Stück Schnur herausragt. Binden Sie an das kürzere untere Ende aller Schmetterlinge ein Glöckchen und knoten Sie das obere längere Stück an den Zweig.
6. Den Zweig hängen Sie am besten dort auf, wo der Wind hindurchfahren und die Glöckchen zum Klingen bringen kann.

Kopiervorlage „Schmetterling“

(Bei Bedarf bitte hochkopieren.)

Bunte Schmetterlinge (ab 2 Jahren)

Material:
Kopiervorlage „Schmetterling“ (s. S. 14), Scheren, mehrere Bögen weißes Papier in DIN A4, viele Wachsmalkreiden, mehrere kleine Behälter, Küchenreibe (oder Anspitzer), Bügeleisen, ggf. dünne Holzstäbchen (z. B. Schaschlikspieße), Kleber, evtl. Pappe

Vorbereitung:
Kopieren Sie die Vorlage für jedes Kind. Hobeln Sie die Wachsmalkreiden nach Farben sortiert mit der Küchenreibe in die Behälter. Ältere/geschickte Kinder können dabei helfen. Wenn die Wachsmalkleiden nicht zu dick sind, können sie auch mit einem Anspitzer zerkleinert werden.

Arbeitsanleitung:
1. Die Kinder streuen die Wachsmalkreide-Raspel auf ihren Schmetterling.
2. Ein weiteres weißes Blatt wird vorsichtig darübergelegt.
3. Drücken Sie anschließend mit dem Bügeleisen auf das Papier, bis das Wachs geschmolzen ist.
4. Entfernen Sie das obere Papier und lassen sie alles abkühlen.
5. Die Schmetterlinge können nun von den Kindern oder von Ihnen ausgeschnitten werden.

Tipp:
Die Schmetterlinge können auch gut als Fensterbilder verwendet oder an dünne Stöckchen oder Holzstäbchen geklebt in bepflanzte Blumentöpfe gesteckt werden. Dann sollten sie noch mit Pappe verstärkt werden.

Fensterbilder (ab 3 Jahren)

Material:
Kopiervorlage „Fensterbilder“ (s. S. 16), weißes Papier in DIN A4, mehrere Bögen schwarzer Tonkarton in DIN A4, weißer Kreide- oder Buntstift, Transparent- oder Seidenpapier in verschiedenen Farben, Scheren, Kleber, transparentes Klebeband

Vorbereitung:
Zunächst erstellen Sie Schablonen: Kopieren Sie dazu die Vorlagen. Schneiden Sie dann die Umrisse der Insekten aus und übertragen Sie sie mit einem weißen Stift auf den schwarzen Tonkarton. Dieser wird ebenfalls ausgeschnitten.

Arbeitsanleitung:
1. Jedes Kind sucht sich aus den Schablonen ein Insekt aus, das ihm gefällt.
2. Das Transparent- oder Seidenpapier schneiden oder reißen die Kinder nun in kleine Stückchen.
3. Diese werden dann mit dem Kleber in den Insektenkörper geklebt. Die Stückchen können sich ruhig überlappen, denn dadurch entstehen schöne Farbverläufe.
4. Das an den äußeren Kanten herausstehende Transparent- oder Seidenpapier wird abgeschnitten.
5. Mit transparentem Klebeband können die farbenfrohen Insekten nun am Fenster befestigt werden – am besten an einem, durch das bei entsprechendem Wetter auch die Sonne scheint, damit die bunten Schmetterlinge, Libellen und Käfer schön leuchten können!

Kopiervorlage „Fensterbilder“

(Bitte hochkopieren!)

Bienenwaben (ab 3 Jahren)

Material:
Kopiervorlage „Bienenwaben und Bienen“ (s. S. 18), Scheren, gelbe / orange-gelbe und schwarze Buntstifte, Bleistifte, Kleber, einige Bögen schwarzes Tonpapier in DIN A3 (alternativ: Kraftpapier, z. B. von Verpackungsmaterial), einige Bögen weißes, gelbes und orangefarbenes Tonpapier in DIN A4, 1 Stück Luftpolsterfolie pro Kind (mindestens 20 cm lang / breit, maximal im DIN-A4-Format), Wasserfarben in Gelb und Orange, dicke Pinsel, Schälchen zum Anmischen der Farben, Wachstischdecke oder alte Zeitung, ggf. Klebepunkte, ggf. 1 großer Bogen Papier

Vorbereitung:
Kopieren Sie die Bienenwaben und die Bienen mehrfach. Sie benötigen einige Bienen sowie eine größere und eine kleinere Wabe pro Kind. Schneiden Sie diese aus. Decken Sie dann den Arbeitstisch ab, mischen Sie die Farben gebrauchsfertig an und stellen Sie das Material bereit.

Arbeitsanleitung:
1. Jedes Kind erhält ein weißes Blatt Tonpapier und ein Stück Luftpolsterfolie. Die strukturierte Oberseite der Folie wird mit gelber oder orangefarbener Farbe bepinselt und auf das Papier gedrückt. Dann wird die Folie vorsichtig entfernt.
2. Während die Farbe trocknet, werden die Bienen und die Waben ausgeschnitten und die Kinder malen ihre Bienen aus.
3. Anschließend legen sie die kleinere Bienenwaben-Vorlage möglichst platzsparend auf das bedruckte Papier und umfahren diese mit Bleistift. Auf diese Weise werden so viele Waben wie möglich aus dem bedruckten Papier ausgeschnitten.
4. Die größeren Waben werden – ebenfalls platzsparend – auf gelbes oder orangefarbenes Tonpapier gelegt, mit Bleistift umfahren und auch ausgeschnitten.
5. Nun werden die kleineren Waben auf die größeren geklebt.
6. Zum Schluss werden die Waben auf den großen schwarzen Tonkarton und die Bienen obenauf oder zwischen die Waben geklebt.

Tipp:
Gestalten Sie dieses Angebot als Gemeinschaftsprojekt: Dafür befestigen die Kinder ihre Bienenwaben (z. B. mit Klebepunkten) an der Wand (z. B. auf einem großen Bogen Papier) und verteilen ihre Bienen darauf.

Kopiervorlage „Bienenwaben und Bienen“

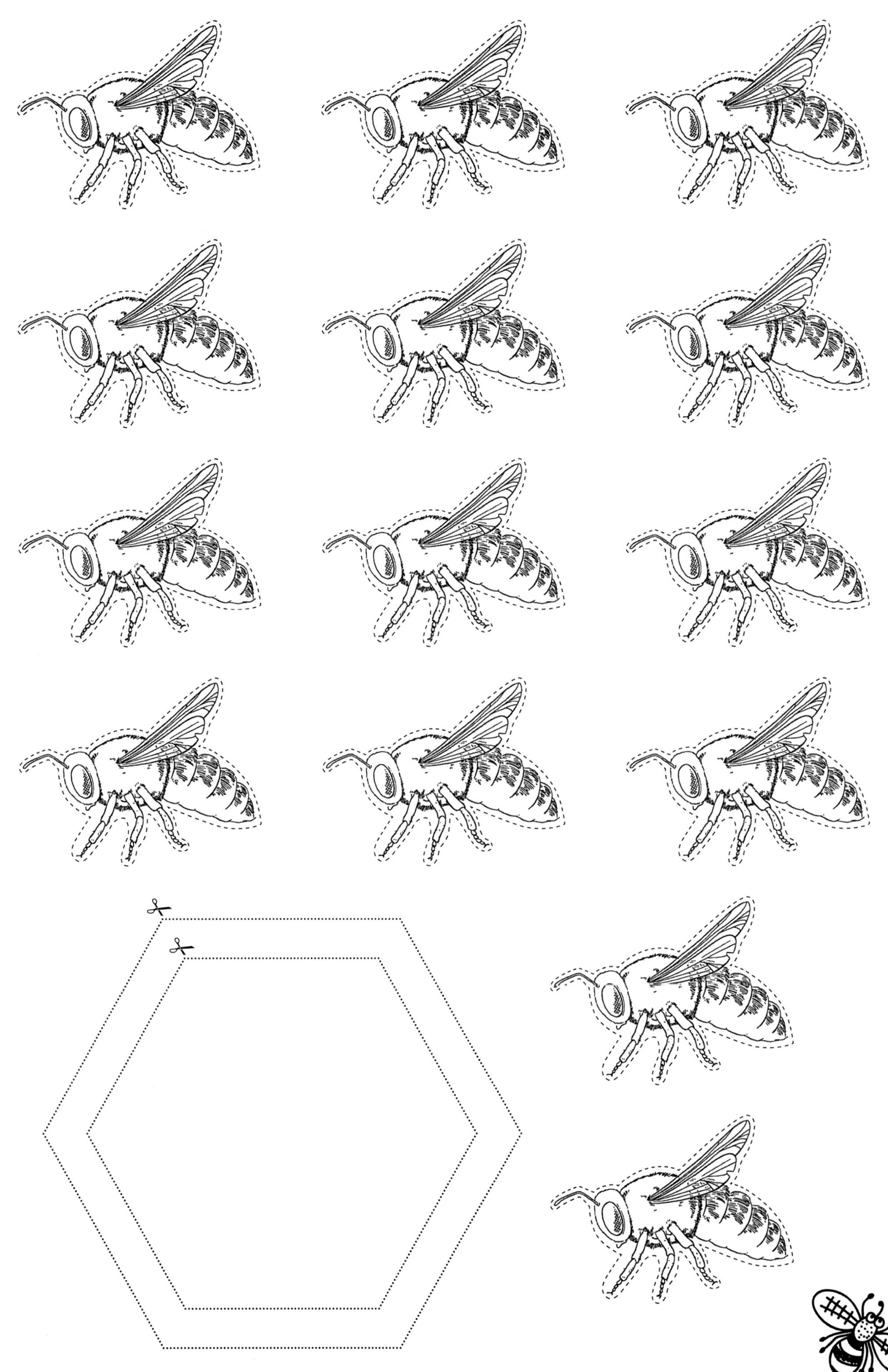

BVK • Angelica Back: Kita aktiv „Projektmappe Insekten“

Das Pappkäfer-Spiel (ab 4 Jahren)

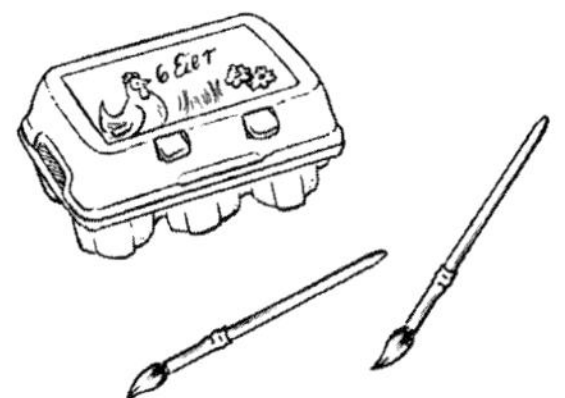

Material:
mehrere untere Hälften von Eierkartons, Acrylfarben, Farbpaletten, Pinsel, alte Zeitungen als Unterlage, evtl. 1 Schere, ggf. Fotos von Käfern, ggf. 1 großer Bogen Papier oder Pappe, ggf. Laminiergerät und -folie

Vorbereitung:
Decken Sie den Basteltisch gut mit alten Zeitungen ab und stellen Sie alle Materialien bereit. Teilen Sie dann die unteren Hälften der Eierkartons (evtl. mit der Schere) in einzelne Abschnitte.

Arbeitsanleitung:

1. Die Kinder können ihre Käfer entweder nach Fantasie bunt bemalen oder naturgetreu mit Hilfe eines Fotos. Mit den Acrylfarben werden die Eierkarton-Abschnitte entsprechend bemalt. Sie sind die Körper der Käfer und werden zunächst mit einer Farbe grundiert.
2. Nachdem die erste Farbschicht getrocknet ist, malen die Kinder die Details der Käfer auf.

Spielmöglichkeit:
Mit den kleinen Käfern können die Kinder eine Art „Hütchenspiel" spielen, ähnlich dem Klassiker „Fang den Hut!".

1. Malen Sie dazu auf ein großes Blatt Papier oder besser noch auf ein Stück Pappe einen entsprechenden Spielplan auf. Ideen dazu finden Sie im Internet. Laminieren Sie den Spielplan zur besseren Haltbarkeit.
2. Jedes Kind bemalt vorab etwa drei oder vier Käfer (evtl. in der gleichen Farbe).
3. Bis zu vier Kinder können jeweils mitspielen. Sie stellen ihre Käfer auf die Eckplätze des Spielfeldes.
4. Nun wird reihum gewürfelt und die entsprechende Anzahl an Feldern mit einem der eigenen Käfer vorgezogen.
5. Ziel ist es, so viele Käfer der Mitspieler wie möglich einzufangen. Dafür muss nur die richtige Zahl gewürfelt werden und schon kann das Kind seinen Käfer auf den anderen setzen. Nun muss es erneut würfeln und schnell mit den entsprechenden Würfelzahlen zurück zur eigenen Ausgangsstation gehen, damit der Fang gesichert ist. Wer Pech hat, wird vielleicht selbst auf dem Weg nach Hause von einem anderen Käfer eingefangen!

Eine Raupen-Marionette aus Pompons (ab 5 Jahren)

Material:
viele kleine Pompons, Nähnadeln, Nähgarn, Holzstäbchen
(alternativ: Eisstiele oder Stöckchen aus dem Wald), kleine Wackelaugen, Kleber

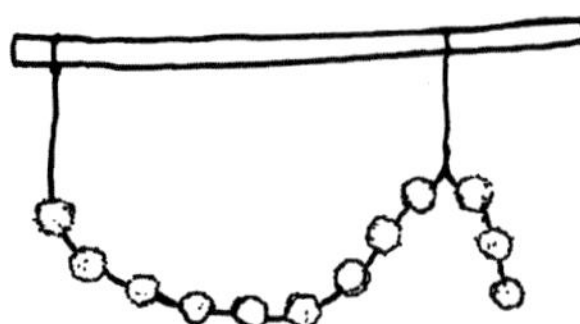

Vorbereitung:
Fädeln Sie für die Kinder jeweils ein längeres Stück Garn auf die Nähnadeln.

Arbeitsanleitung:
1. Die Kinder fädeln mit Nadel und Garn etwa 12 bis 14 Pompons auf. Zwischen jedem Pompon sollten sie ein wenig Platz lassen.
2. Am Kopfende der Raupe sollte der Faden lang gelassen werden. Am hinteren Ende wird das Garn verknotet. Bei diesem Schritt benötigen die Kinder vielleicht noch Ihre Hilfe.
3. Ein weiteres Stück Garn wird im hinteren Drittel zwischen zwei Pompons geknotet. Es sollte in etwa die gleiche Länge haben wie der Faden am Kopf der Raupe.
4. Nun kleben die Kinder am Kopf der Raupe, also auf dem ersten Pompon, zwei Wackelaugen auf.
5. Beide Fäden werden abschließend jeweils an einem Ende des Holzstäbchens mit Kleber befestigt oder daran festgeknotet. Jetzt kann das Raupen-Theater beginnen!

Perlen-Libellen (ab 3 Jahren)

Material:
Pfeifenreiniger, viele Perlen mit einer zum Pfeifenreiniger passenden Öffnung, weißer oder heller farbiger Tonkarton, Bleistift, Schere, Kleber, evtl. Wasserfarben und dicke Pinsel, evtl. alte Zeitung, Heißklebepistole

Vorbereitung:
Malen Sie mit einem Bleistift für jede Libelle auf buntem oder weißem Tonkarton vier schmale, längliche Flügel auf und schneiden Sie diese aus. Legen Sie den Basteltisch am besten mit einer alten Zeitung aus.

Arbeitsanleitung:
1. Falls weißer Tonkarton für die Flügel verwendet wird, spritzen die Kinder mit Hilfe der Pinsel Wasserfarben darauf. Auch Libellenflügel aus hellerem farbigem Tonkarton können auf diese Weise interessant gestaltet werden.
2. Während die Farbe trocknet, nimmt sich jedes Kind einen Pfeifenreiniger und biegt ein Ende davon etwas nach oben.
3. Anschließend werden so viele Perlen aufgefädelt, bis der Pfeifenreiniger fast voll ist.
4. Zum Schluss wird eine größere Perle als Kopf aufgefädelt und der Pfeifenreiniger erneut umgebogen, damit die Perlen nicht herausfallen.
5. Abschließend werden die Flügel mit der Heißklebepistole an den Libellenkörper geklebt.

Tipp:
Mit einem Bindfaden können die Libellen als Deko von der Decke oder am Fenster hängen.

BVK • Angelica Back: Kita aktiv „Projektmappe Insekten“

Wer wohnt wo? (ab 3 Jahren)

Wo leben die Insekten? ✏ Verbinde richtig.

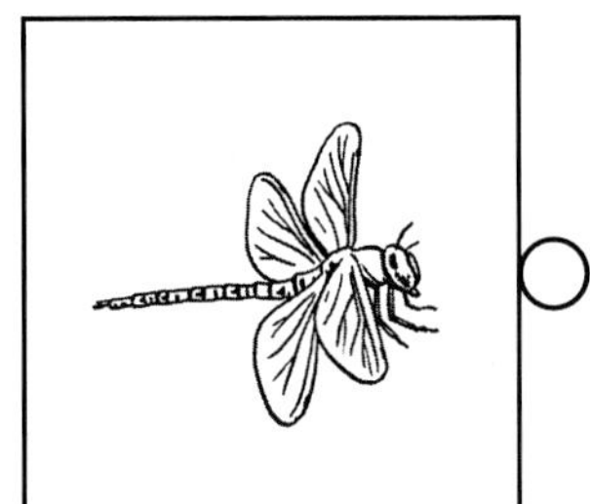

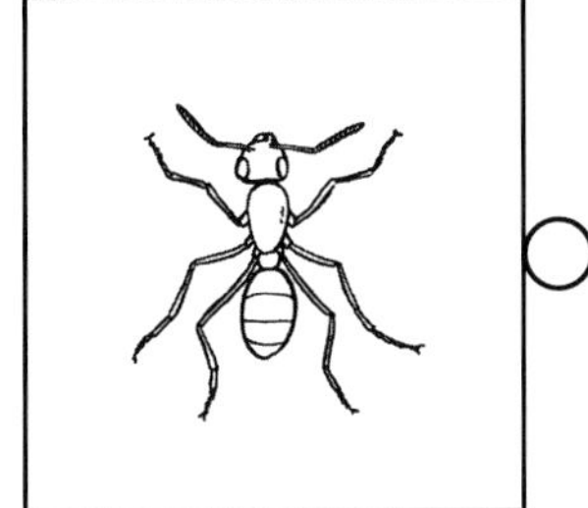

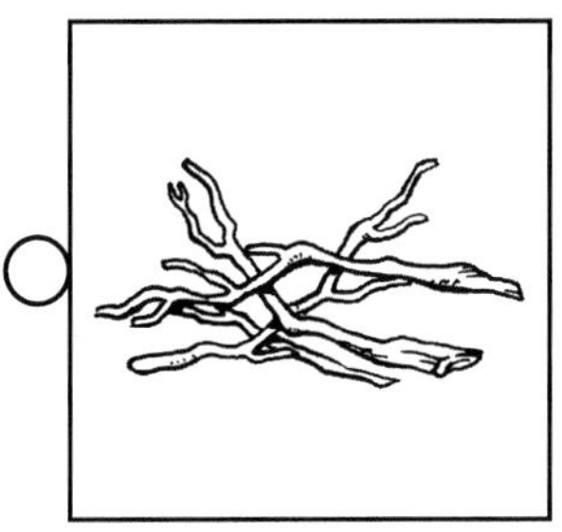

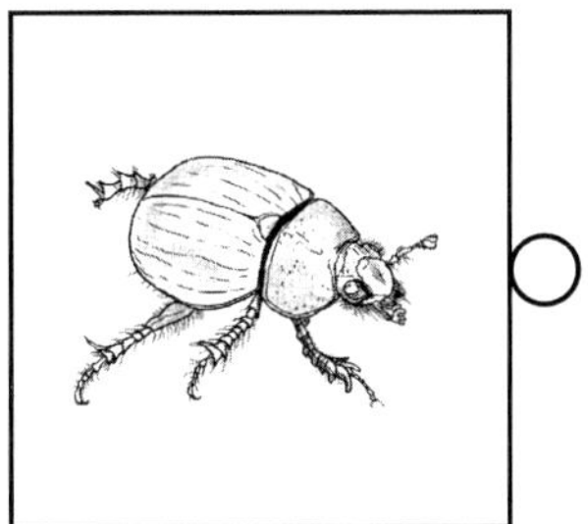

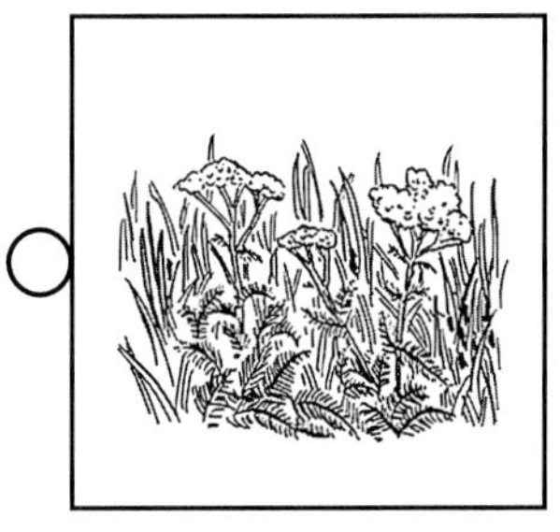

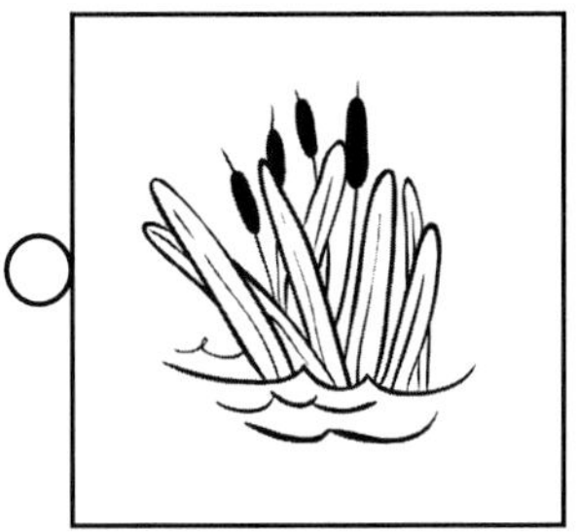

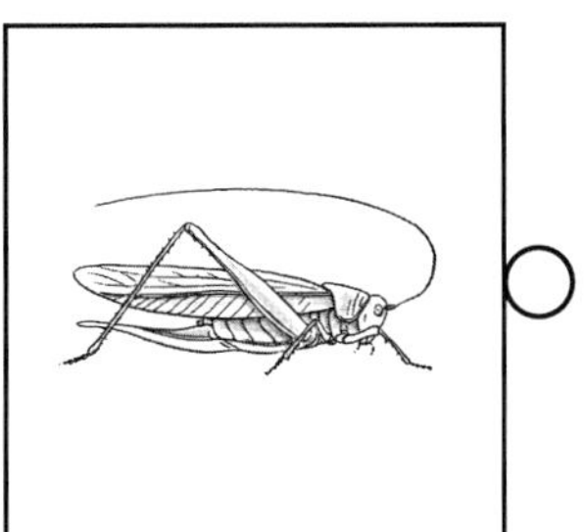

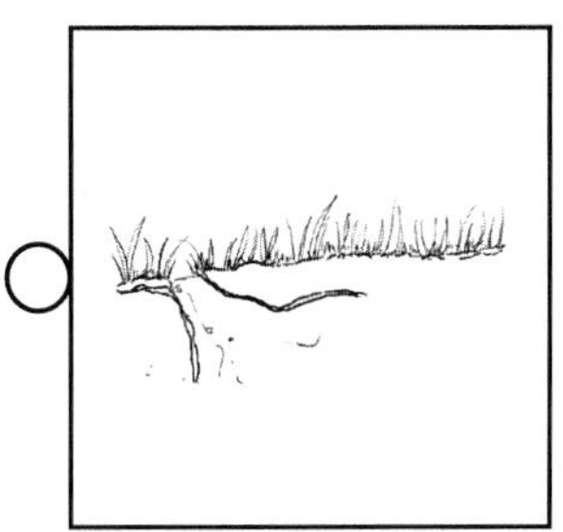

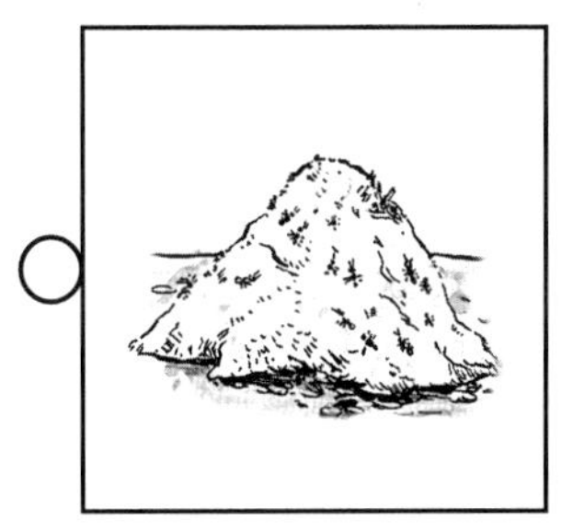

Das Hummeljahr (ab 4 Jahren)

Schneide die Teile aus und setze sie in der richtigen Reihenfolge wieder zusammen.

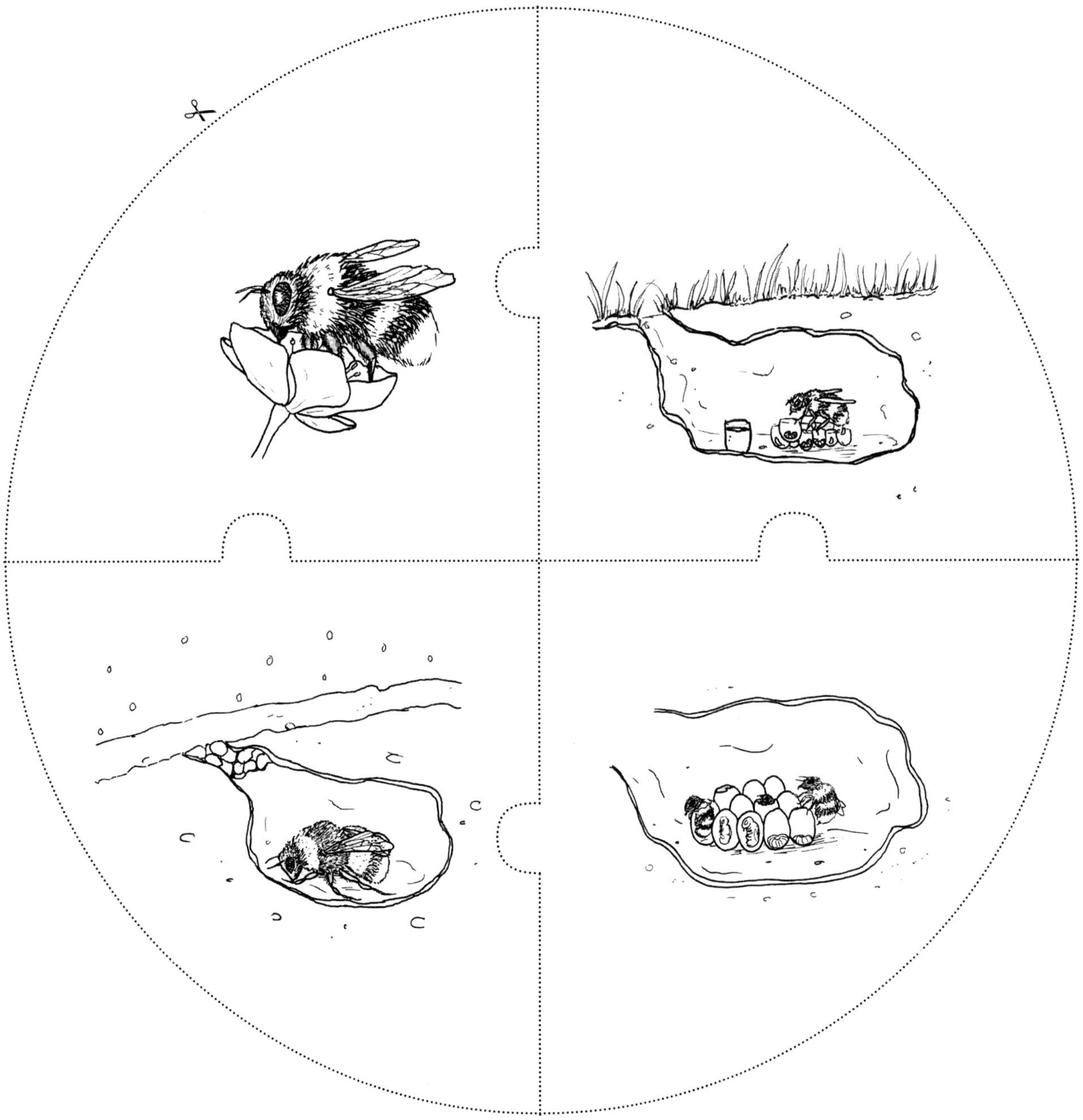

BVK • Angelica Back: Kita aktiv „Projektmappe Insekten“

Im Ameisenbau (ab 3 Jahren)

Tupfe mit schwarzer Fingerfarbe Ameisen in den Bau.
3 Punkte hintereinander sind der Körper.
Male jeder Ameise noch 6 Beine mit schwarzem Filzstift an den Körper.
Vorn an den Kopf kannst du 2 Fühler malen.

Ist das ein Insekt oder nicht? (ab 3 Jahren)

Material:
Kopiervorlage „Ist das ein Insekt oder nicht?“ (s. u.), Schere

Arbeitsanleitung:
1. Kopieren Sie die Vorlage für jedes Kind einmal und schneiden Sie die Kärtchen aus.
2. Die Kinder versuchen nun, die Kärtchen in die richtigen Felder einzuordnen.

Kopiervorlage „Ist das ein Insekt oder nicht?“

Insekten

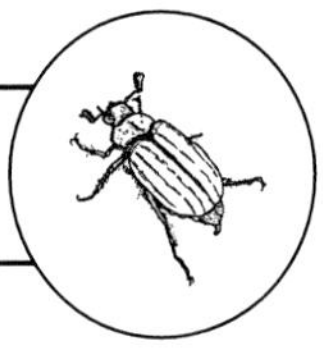

keine Insekten

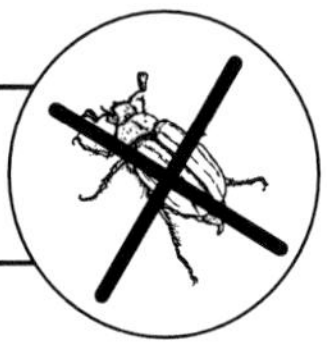

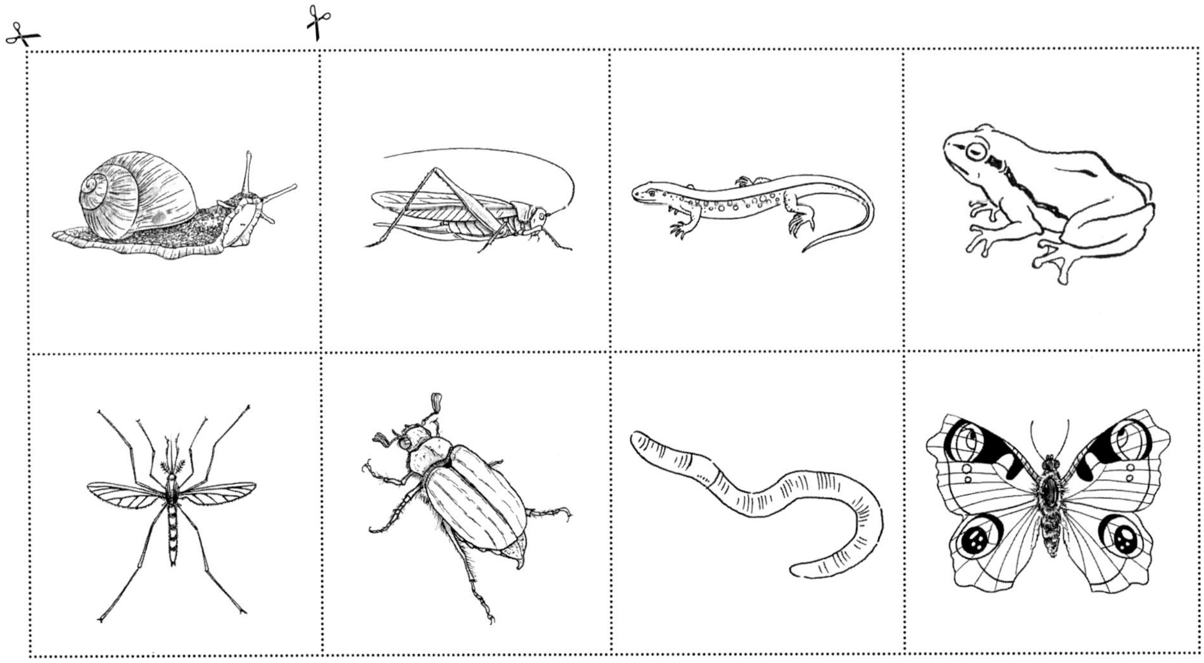

Ein Garten für Insekten (ab 2 Jahren)

Material:
Samen von Wildblumen, torffreie Pflanzerde, kleine Spaten und Rechen, flache Schale/n aus Keramik, Glas oder Terrakotta (z. B. Blumentopfuntersetzer oder nicht mehr genutztes Geschirr), einige größere Steine oder Terrakotta-Bruch, evtl. Blumentöpfe mit Abflussloch

Vorbereitung:
Überlegen Sie, welche Möglichkeiten es auf Ihrem Kita-Gelände gibt, um einen Insektengarten anzulegen. Machen Sie vorher am besten einen Plan. Ein Gartenbeet, eine ungenutzte Wiesenecke oder eine Brachfläche ist ebenso nützlich wie ein paar Blumentöpfe auf einer Außenfensterbank, einem Balkon oder in einem Hof. Besorgen Sie dann die entsprechenden Materialien.

Arbeitsanleitung:
- **Ein Beet anlegen:** Ziehen Sie gemeinsam mit den Kindern mit dem Rechen Rillen in die Erde und streuen Sie die Samen ein (die richtige Tiefe steht auf den Samentüten). Anschließend bedecken Sie die Samen wieder mit Erde und gießen sie an.
- **Im Blumentopf:** Legen Sie eine Scherbe oder einen Stein auf das Abflussloch und füllen Sie Erde hinein. Legen Sie die Samen darauf, bedecken Sie diese mit Erde und gießen Sie sie an.
- Besonders am Anfang sollte täglich die Erde überprüft und entsprechend gegossen werden. Dabei die Ansprüche der jeweiligen Pflanzenart beachten!

Die Lieblingspflanzen der Insekten säen
- **Bienen** haben eine Vorliebe für weiße und gelbe Blüten wie z. B. Schneeglöckchen, Krokus, Huflattich, Löwenzahn, Alant, Ringelblume, Margerite, Kamille, Nachtkerze, Sonnenbraut, Mädchenauge, Sonnenblume, Mauerpfeffer, Hahnenfuß, Gold- und Klatschmohn, Stein- und Hornklee. Sie besuchen auch gern die gelben Röhrenblüten von Wildrose und Aster.
- **Hummeln** (aber auch Bienen) fliegen auf lilafarbene und blaue Blumen, zum Beispiel Akelei, Glockenblume, Lupine, Eibisch, Borretsch, Kornblume, Blaunessel, Löwenmäulchen, Phazelie (Bienenfreund), Stockrose und Wilde Malve.
- **Schmetterlinge** ernähren sich vom Nektar ungefüllter Blüten in Rosa-Rot-Lila-Farbtönen wie Luzerne, Blutweiderich, Flockenblume, Distel, Vogel-Wicke, Baldrian, Witwenblume, Natternkopf, Saat-Esparsette, Lavendel, Heidekraut, Veilchen, Phlox und Sommerflieder.
- **Schmetterlingsraupen** benötigen zur Entwicklung hauptsächlich Brennnesseln, aber auch Wiesenschaumkraut und Hornklee.
- Säen Sie mit den Kindern am besten auch Pflanzen aus, die noch im Spätsommer blühen, damit Falter und Raupen vor der Winterruhe genug Nahrung finden.

Insektentränke aufstellen
Legen Sie gemeinsam mit den Kindern Steine und/oder Terrakotta-Bruch als Landeflächen in eine flache Schale. Dazwischen machen sich, falls vorhanden, auch ein paar Murmeln oder Halbedelsteine gut. Füllen Sie anschließend den Behälter mit frischem Wasser auf. Die Landeflächen sollten noch ein Stück aus dem Wasser ragen. Stellen Sie die Insektentränke zwischen die Wildpflanzen. Das Wasser sollte regelmäßig ausgetauscht werden, damit sich keine Krankheitserreger darin bilden.

Tipps:
- Gute Adressen für Saatgut und Wildpflanzen: *www.kraeuter-und-duftpflanzen.de und www.bingenheimersaatgut.de/de und www.gaissmayer.de/web/gaertnerei*
- Pflanzenlisten mit Blütezeit, Farbcode, etc. zum Download: *https://baden-wuerttemberg.nabu.de/natur-und-landschaft/aktionen-und-projekte/bluehendeGaerten/28220.html*
- Weitere Informationen für mehr Vielfalt im Garten: *https://baden-wuerttemberg.nabu.de/natur-und-landschaft/aktionen-und-projekte/bluehendeGaerten/27516.html*

Marienkäfer-Snacks (ab 1 Jahr)

Zutaten:
Baguette oder Cracker, kleine Tomaten, schwarze Oliven, schwarze Olivencreme (oder ein paar Oliven mixen), Frischkäse (auch vegan / laktosefrei erhältlich), Kresse-Sprossen, Kerbel, Petersilie oder große Basilikumblätter

Arbeitsmittel:
1 Schneidebrett, 1 scharfes Messer, 1 Brotschneidemesser, 1 Streichmesser, Servierplatten / -teller

Arbeitsanleitung:
1. Legen Sie die Cracker oder das in Scheiben geschnittene Baguette auf die Servierplatten.
2. Bestreichen Sie das Gebäck mit Frischkäse.
3. Halbieren Sie die Tomaten. Schneiden Sie dann die Hälften fast bis zum Ende hin in der Mitte auf. Ziehen Sie diese etwas auseinander und verteilen Sie sie als Marienkäfer-Körper auf dem Frischkäsebelag.
4. Entsteinen Sie die Oliven (falls nötig) und halbieren Sie sie. Legen Sie je eine halbe Olive vor eine Tomatenhälfte: Das ist der Kopf des Marienkäfers.
5. Setzen Sie mit der Olivencreme kleine Tupfen auf die „Marienkäfer-Flügel“.
6. Verteilen Sie abgeschnittene Kresse-Sprossen oder kleingezupfte Kräuter auf dem noch sichtbaren Frischkäse. Alternativ können Sie je ein großes Basilikum-Blatt unter den Käfer legen.

Süße Bienchen (ab 2 Jahren)

Zutaten:
1–2 Blöcke Marzipanrohmasse, 1–2 Blöcke Kuvertüre (Zartbitterschokolade), 1 Tüte Mandelblättchen, Wasser

Arbeitsmittel:
Herd, Kühlschrank oder Tiefkühlfach, 1 Topf, 1 Wasserbad-Behälter, 1 größerer Teller, Backpapier, 1 Spritzbeutel, 1 dünne Spritztülle, 1 Gabel

Arbeitsanleitung:
1. Füllen Sie den Topf mit Wasser und setzen Sie den Wasserbad-Behälter auf. Das Wasser sollte dabei nur ein wenig den Boden des Behälters berühren. Brechen Sie die Kuvertüre in Stückchen und geben Sie sie in den Wasserbad-Behälter. Erhitzen Sie den Topf und stellen Sie ihn, kurz bevor das Wasser kocht, auf die niedrigste Stufe. Es sollte auf keinen Fall Wasser in den Behälter mit der Schokolade geraten!
2. Legen Sie den Teller mit Backpapier aus. Während die Schokolade schmilzt, formen Sie aus der Marzipanrohmasse zunächst Kugeln und rollen Sie diese dann, bis sie oval sind. Das geht am besten zwschen beiden Handflächen.
3. Legen Sie die „Marzipaneier“ mit etwas Abstand auf das Backpapier. Füllen Sie die flüssige Schokolade in einen Spritzbeutel mit dünner Tülle und verwandeln Sie damit die Marzipaneier in Bienen: Setzen Sie Streifen auf den „Bienenkörper“, malen Sie Augen und einen kleinen Mund.
4. Abschließend stecken Sie noch je zwei Mandelblättchen als Flügel oben in die Bienenkörper hinein.
5. Die Schokolade muss nun aushärten. Stellen Sie den Teller dafür eine Weile in den Kühlschrank oder ins Tiefkühlfach. Guten Appetit!

Hinweis:
Wenn keine Spritztülle vorhanden ist, können Sie diese leicht aus einem kleinen Stück rechteckigem Papier und Klebestreifen selbst herstellen. Rollen Sie dafür das Papier konisch, sodass eine kleine Öffnung an der spitzesten Stelle entsteht, und kleben Sie anschließend die Tüte zusammen.

Porridge mit Honig und Beeren (ab 3 Jahren)

Zutaten (für 2 große oder 4 kleine Portionen):
16 EL Feinblatt-Haferflocken, 400 ml Wasser, 400 ml ungesüßter Pflanzendrink, zum Beispiel Hafer, Mandel oder Soja (alternativ: Bio-Milch), Honig, Beeren (frisch oder TK-Ware)

Arbeitsmittel:
Herd, 2 Töpfe, 1 Kochlöffel, 1 Esslöffel, 1 Messbecher, kleine Schüsseln und Löffel für alle Kinder

Arbeitsanleitung:
1. Messen Sie gemeinsam mit den Kindern Wasser und Milch ab. Geben Sie beides in einen Topf und schmecken Sie es mit Honig ab.
2. Fügen Sie die Haferflocken hinzu und bringen Sie den Topf zum Kochen.
3. Schalten Sie anschließend den Herd aus und lassen Sie die Flocken in der Flüssigkeit 5 bis 10 Minuten quellen.
4. Während die Haferflocken ziehen, geben Sie die Beeren in einen weiteren Topf und erhitzen Sie sie.
5. Füllen Sie das fertige Porridge in die Schüsseln und geben Sie die heißen Beeren darüber.

Wichtiger Hinweis:
Kinder dürfen Honig **erst ab dem 2. Lebensjahr** zu sich nehmen, weil darin Sporen von *Clostridium botulinum* enthalten sein können. Dieses Bakterium erzeugt das für die sich noch in der Entwicklung befindende Darmflora **lebensbedrohliche Botulinumtoxin.** Dies hat die Lebensmittelvergiftung *Botulismus* mit vielen Symptomen bis hin zu Herzstillstand zur Folge.

Blauviolette Polarlicht-Milch (ab 1 Jahr)

Zutaten (für 2 Kinder):
400 ml ungesüßter Pflanzendrink, z. B. Hafer, Mandel oder Soja (alternativ: Bio-Milch), 1 große oder 2 kleine Bananen, 1 – 2 EL frische Blaubeeren aus der Wildsammlung (Kulturheidelbeeren färben nicht), ggf. 1 – 2 EL TK-Blaubeeren

Arbeitsmittel:
1 Standmixer oder elektrischer Zerkleinerer (alternativ: Stabmixer und hohes Gefäß, z. B. Mix- oder Messbecher), Gläser oder Tassen für alle Kinder, ggf. 1 Topf, 1 Messbecher, 1 Messer

Arbeitsanleitung:
1. Messen Sie gemeinsam mit den Kindern die Milch ab und schneiden Sie die Bananen klein.
2. Mixen Sie beide Zutaten schaumig. **Achtung:** Wenn Sie TK-Blaubeeren verwenden anstelle von frischen Früchten, kochen Sie diese im Topf ab, um potenzielle Viren und Bakterien abzutöten.
3. Anschließend mixen Sie nach und nach ein paar Beeren leicht unter, damit es schöne Farbverläufe gibt. Am besten nehmen Sie erst nur wenige Beeren, um die Farbveränderung zu beobachten. Je mehr Beeren Sie hinzufügen, desto rotvioletter wird die Milch. Wenige Beeren färben den Drink blauviolett. Bei TK-Blaubeeren müssten Sie mit den abgekochten Beeren ein wenig experimentieren, bei welcher Menge sich welche Farben und Farbverläufe ergeben – fangen Sie zunächst mit wenig Blaubeeren an.
4. Füllen Sie die Milch dann in die Gläser und servieren Sie sie. Guten Appetit!

Hinweis:
Wenn die Bananenscheiben vorher mindestens zwei Stunden eingefroren waren und im gefrorenen Zustand mit der Milch gemixt werden, wird das Ergebnis cremiger. Da die Milch dann natürlich auch kühler ist, eignet sich diese Version besonders gut als Erfrischung für die wärmere Jahreszeit.

Zähle die Maikäfer (ab 3 Jahren)

Material:
Kopiervorlage „Zähle die Maikäfer – Spielplan“ (s. S. 29), Kopiervorlage „Zähle die Maikäfer – Spielkärtchen“ (s. u.), Schere, Spielsteine (je Kind eine andere Farbe oder Form), Buntstifte, evtl. Laminiergerät und -folie

Vorbereitung:
Kopieren Sie den Spielplan einmal und die Kärtchen zweimal. Schneiden Sie die Spielkärtchen aus. Die Kopien können Sie nach Wunsch mit Buntstiften kolorieren und zur besseren Haltbarkeit laminieren.

Spielanleitung:

1. Jedes Kind bekommt einen Spielstein oder sucht sich einen aus.
2. Die Kärtchen werden gemischt und verdeckt auf einen Stapel gelegt.
3. Ein Kind fängt an, zieht eine Karte und zählt die Maikäfer darauf.
4. Es zieht mit seinem Spielstein um so viele Felder vor, wie Maikäfer auf dem Kärtchen abgebildet sind.
5. Dann ist das nächste Kind an der Reihe.
6. Wer zuerst an der Eiche angekommen ist, ist der erste Sieger, das zweite Kind ist der zweite Sieger usw.

Kopiervorlage „Zähle die Maikäfer – Spielkärtchen“

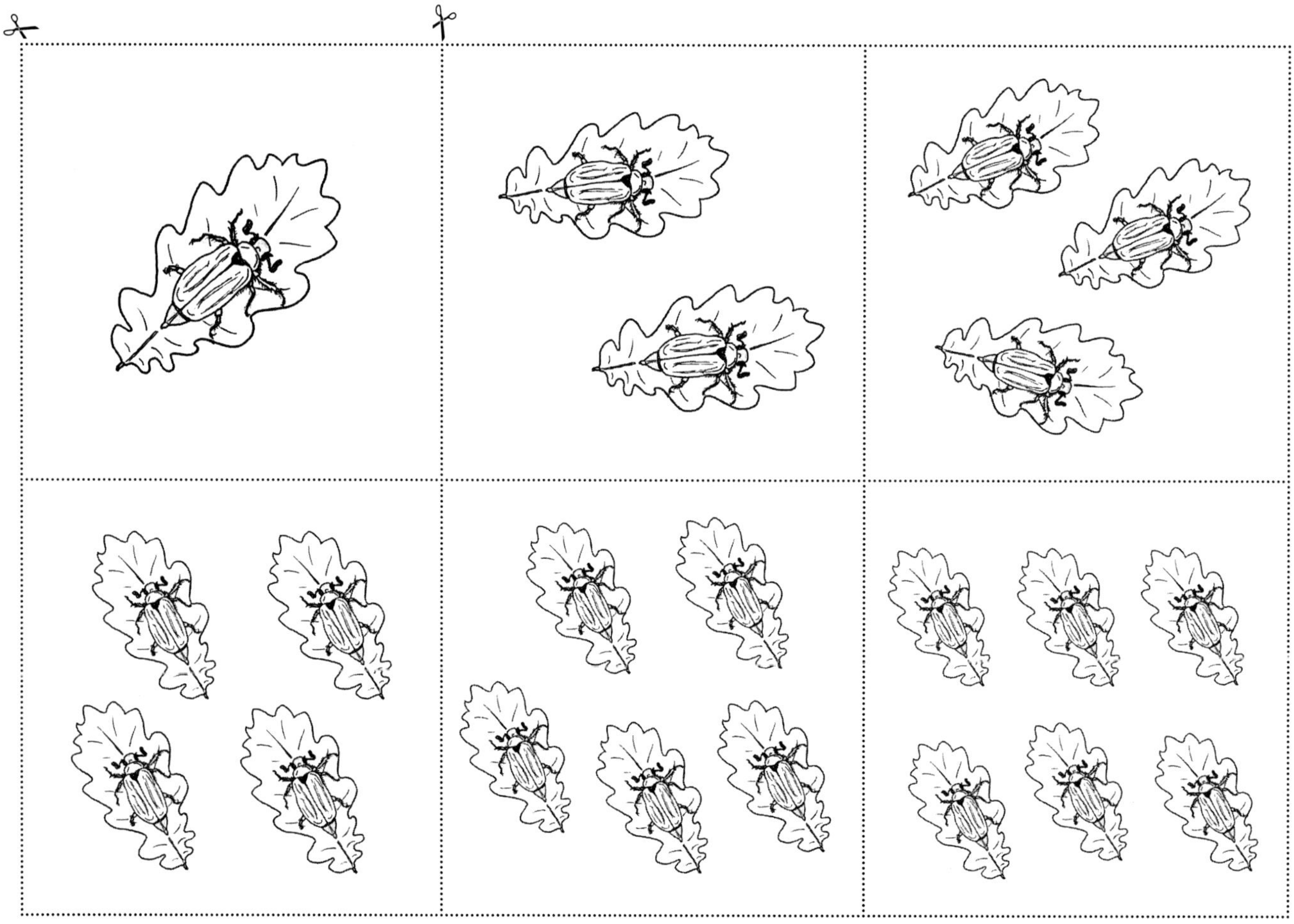

Kopiervorlage „Zähle die Maikäfer – Spielplan“

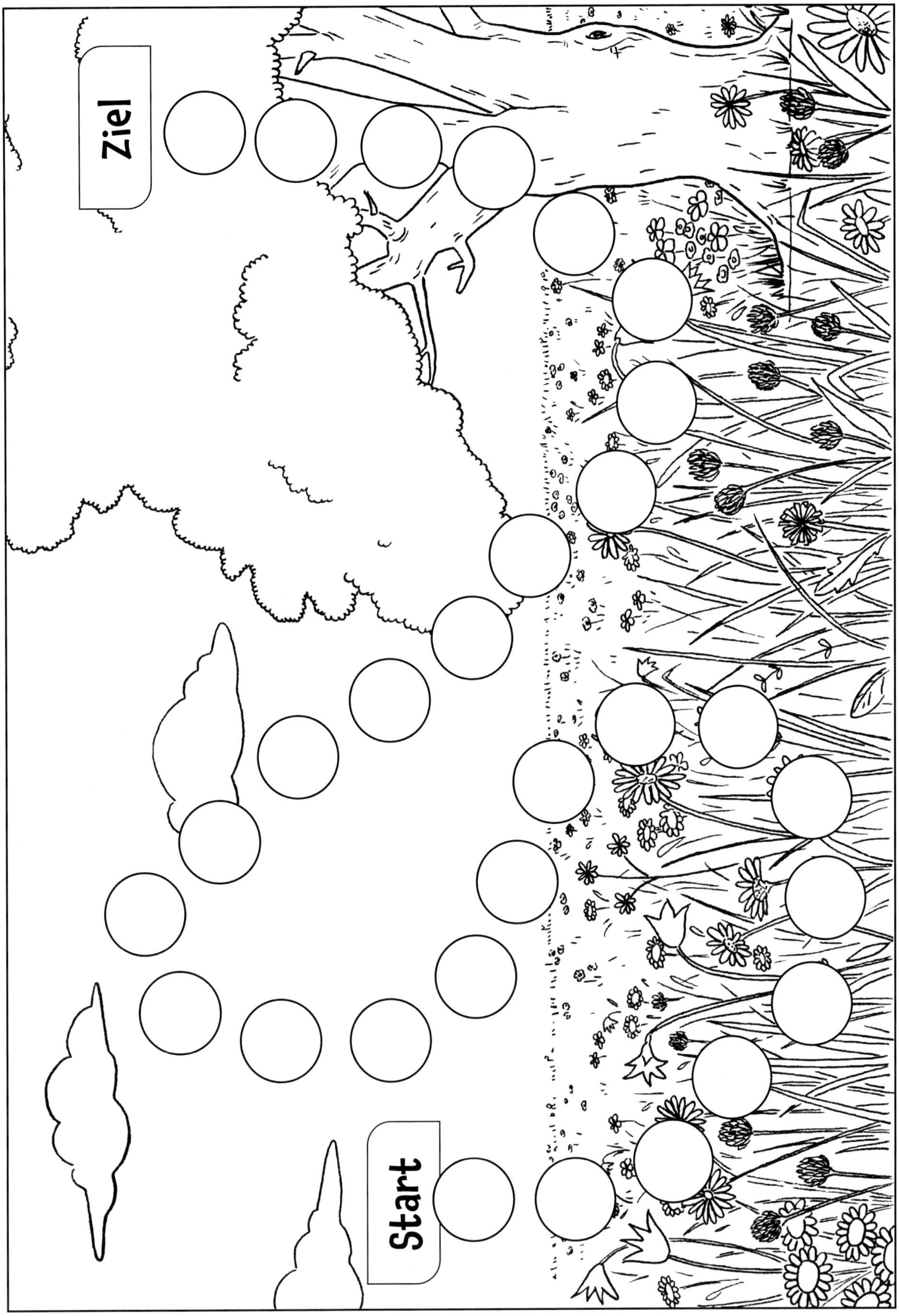

Ziel

Start

Marienkäfer-Würfelspiel (ab 3 Jahren)

Material:
Kopiervorlage „Marienkäfer Würfelspiel" (s. S. 31), 2 Würfel, 20 schwarze Knöpfe / Steine o. Ä., 1 kleines Schälchen für die Knöpfe / Steine, roter und schwarzer Filzstift, ggf. Laminiergerät und -folie

Vorbereitung:
Kopieren Sie die Vorlage. Kolorieren Sie den Marienkäfer mit rotem und schwarzem Filzstift naturgetreu. Die Punkte auf den Flügeln bleiben weiß. Zur besseren Haltbarkeit können Sie den Marienkäfer laminieren. Legen Sie die Knöpfe / Steine in das Schälchen.

Spielanleitung:

1. Jedes Kind erhält einen Würfel. Ein Kind beginnt zu würfeln. Es zählt die Punkte auf dem Würfel und legt eine entsprechende Anzahl an Knöpfen / Steinen in die leeren Felder des Marienkäfers.

2. Dann ist das nächste Kind an der Reihe. Es würfelt und legt entsprechend die Knöpfe / Steine in die Felder.

3. So geht es weiter, bis alle Punkte des Marienkäfers bedeckt sind. Um zum Schluss alle Felder vollzubekommen, gibt es zwei Möglichkeiten: Entweder wird so lange gewürfelt und ausgesetzt, bis die passende Zahl erscheint, oder eine höhere Zahl als die benötigte genügt, um Sieger zu werden.

1. Variation:
Nachdem das Spiel zu Ende ist, können die Kinder die Knöpfe / Steine auf den Feldern liegen lassen. Die Kinder würfeln dann wieder reihum und nehmen die entsprechende Anzahl an Knöpfen / Steinen vom Marienkäfer herunter, bis alle Punkte leer sind.

2. Variation:
Jedes Kind würfelt mit zwei Würfeln. Die Punkte beider Würfel werden zusammengezählt und die entsprechende Anzahl an Knöpfen / Steinen auf die Felder gelegt. Wie bei der 1. Variation kann das Spiel danach auch rückwärts gespielt werden.

Kopiervorlage „Marienkäfer-Würfelspiel“

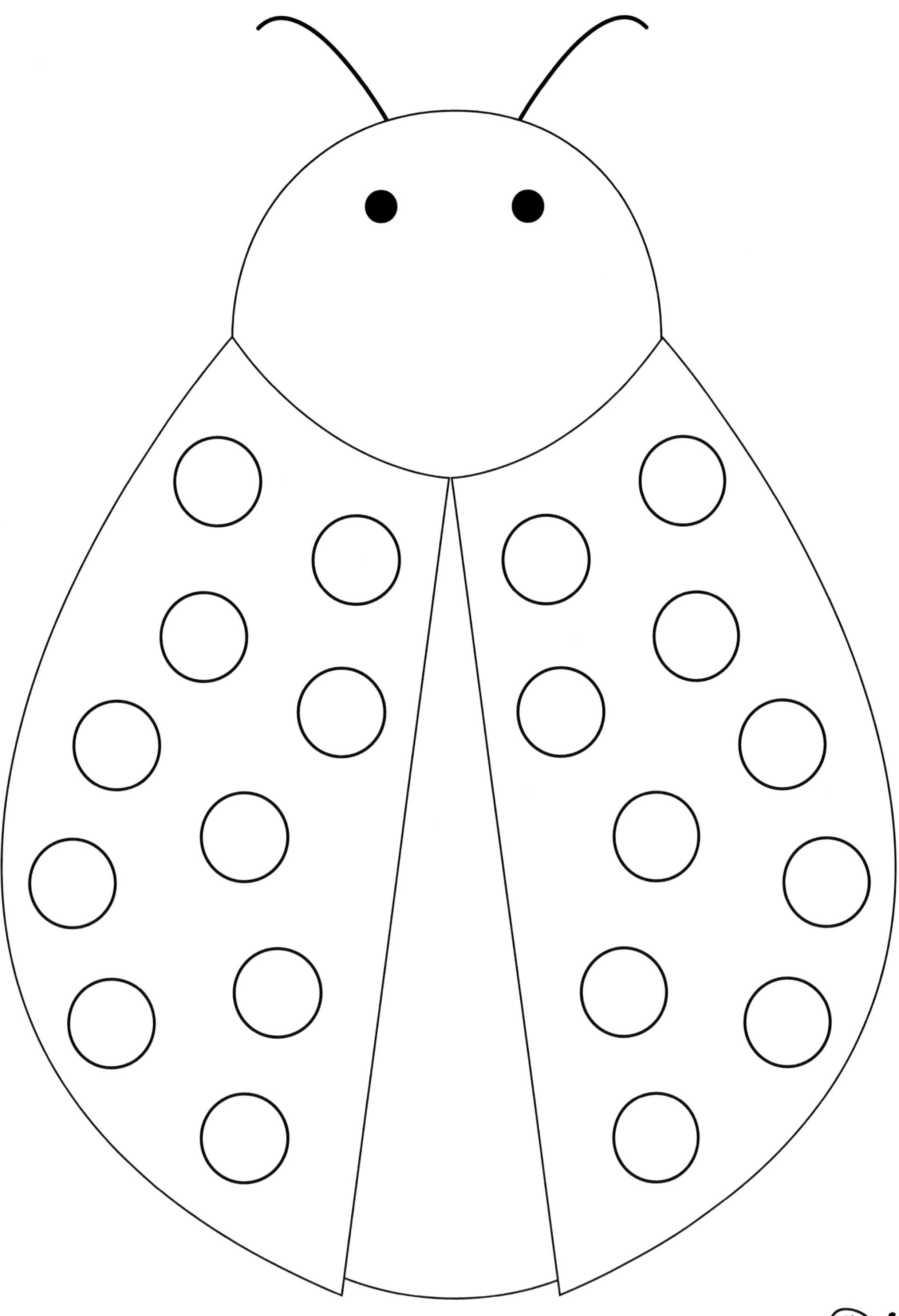

Die fleißige Hummel (ab 4 Jahren)

Wie viele Blumen hat die fleißige Hummel schon besucht?
Zähle zusammen und schreibe die Zahl in das Kästchen.

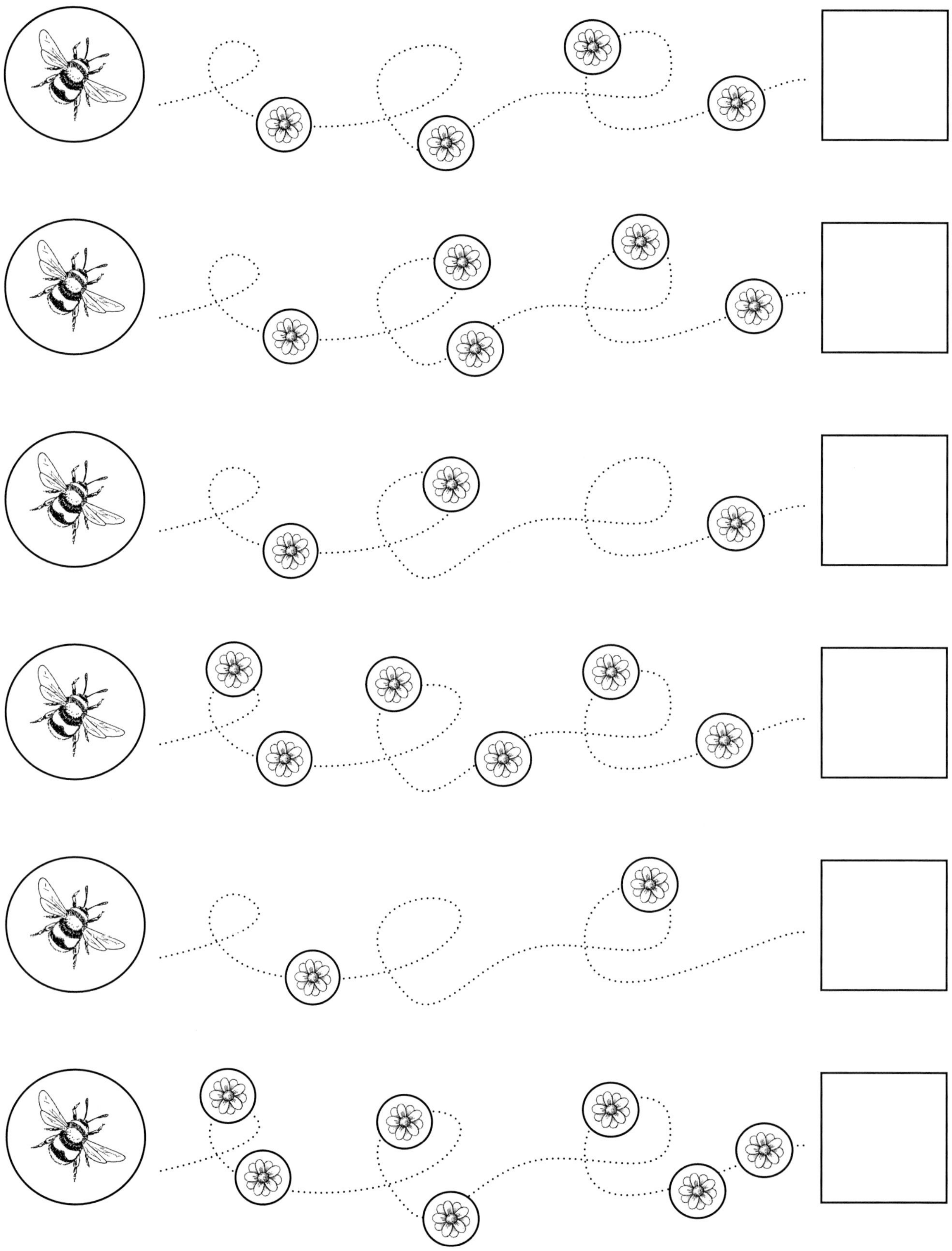

Mein Zahlenbuch (ab 3 Jahren)

Material:
Kopiervorlage „Zahlen und Insektensticker“ (s. u.), je Kind 11 DIN-A5-Bögen (Sie können dazu DIN-A4-Bögen halbieren), 1 Heftgerät, Scheren, Kleber, Buntstifte

Vorbereitung:
Kopieren Sie die Zahlen aus der Vorlage hoch. Sie benötigen für jedes Kind eine Vorlage. Schneiden Sie die Zahlen aus. Kopieren Sie dann die Insektensticker mehrfach und schneiden Sie diese ebenfalls aus. Kinder, die gut mit der Schere umgehen können, können dabei helfen.

Arbeitsanleitung:
1. Jedes Kind bekommt 11 DIN-A5-Bögen. Diese werden genau aufeinandergelegt und an einer schmalen Seite zusammengeheftet.
2. Jedes Kind erhält einen Zahlensatz von 1 bis 10. Das erste Blatt bleibt leer und auf die nachfolgenden Blätter wird je eine Zahl in chronologischer Reihenfolge geklebt.
3. Anschließend klebt das Kind neben jede Zahl die richtige Anzahl an Insektenstickern.
4. Zum Schluss können die Zahlen und Insekten noch ausgemalt werden.

Kopiervorlage „Zahlen und Insektensticker“

(Bitte hochkopieren!)

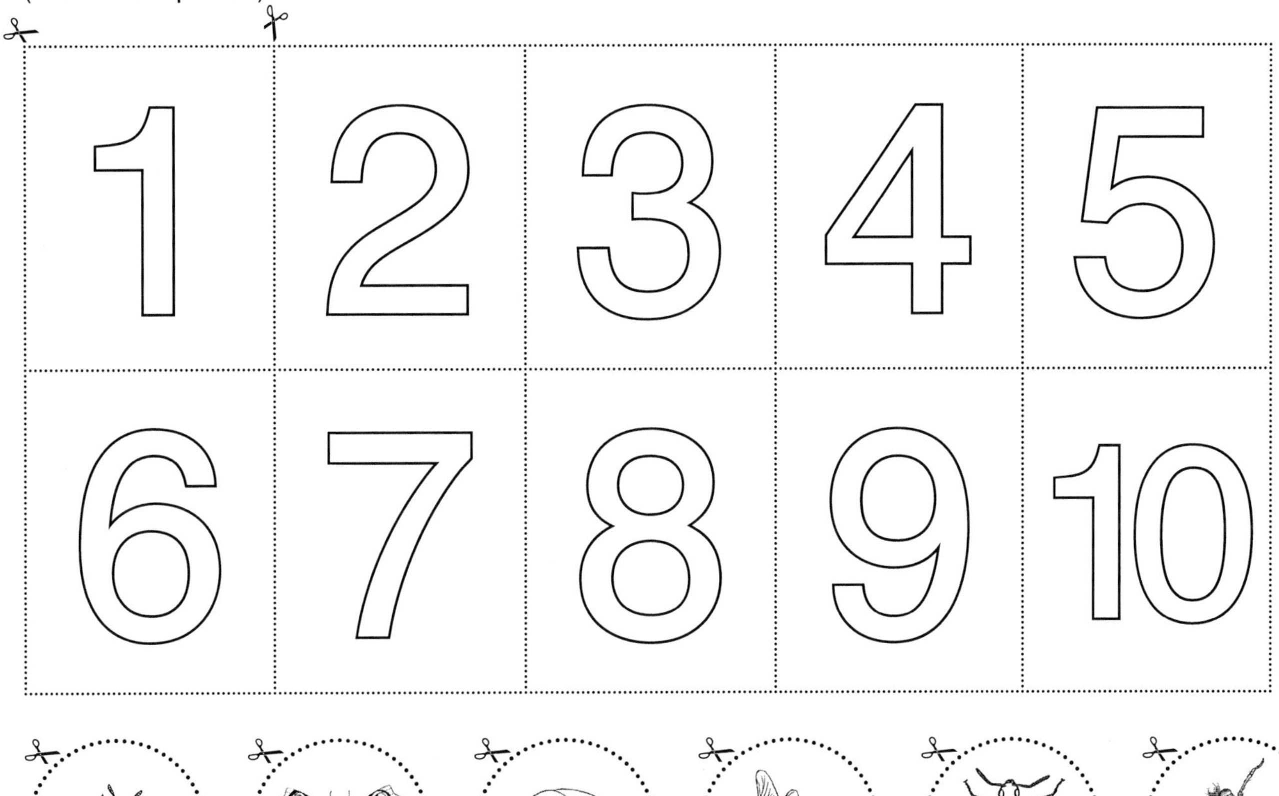

1	2	3	4	5
6	7	8	9	10

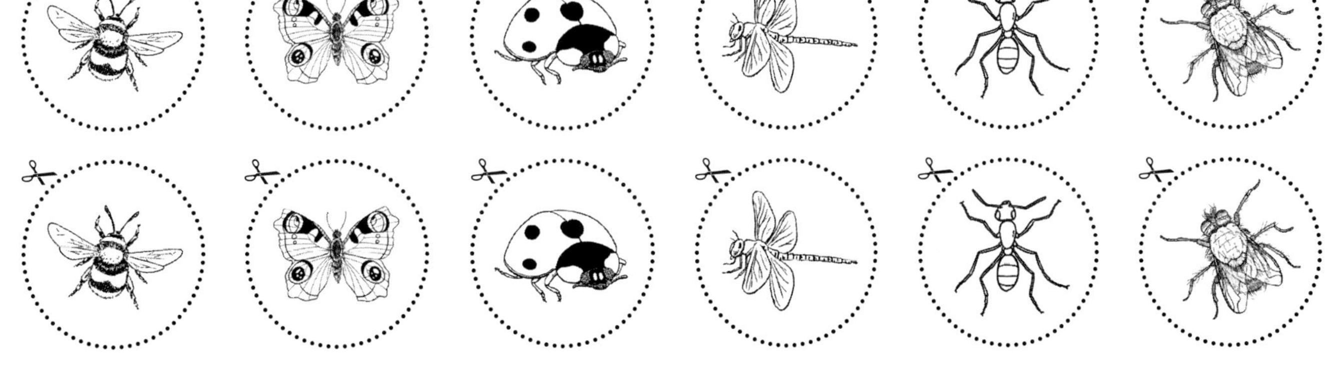

Wie viele Punkte zeigt der Würfel? (ab 3 Jahren)

Wie viele Punkte sind auf den Würfeln zu sehen?
Male die richtige Anzahl der Insekten mit Buntstiften an.

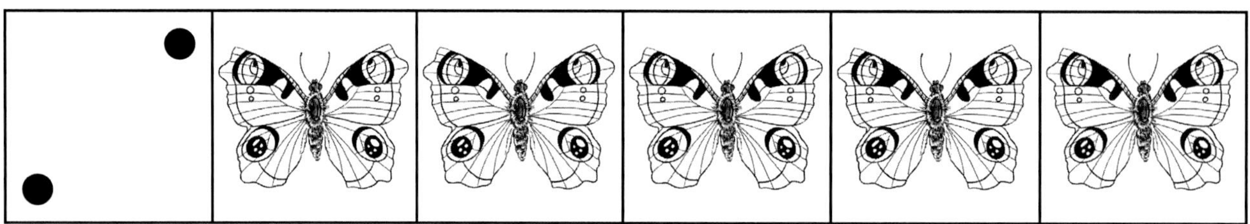

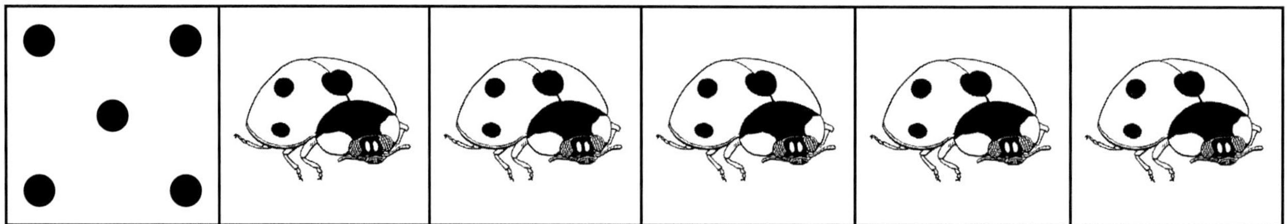

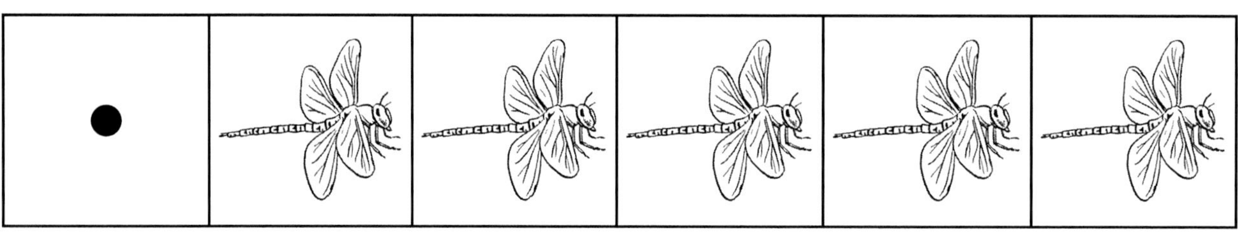

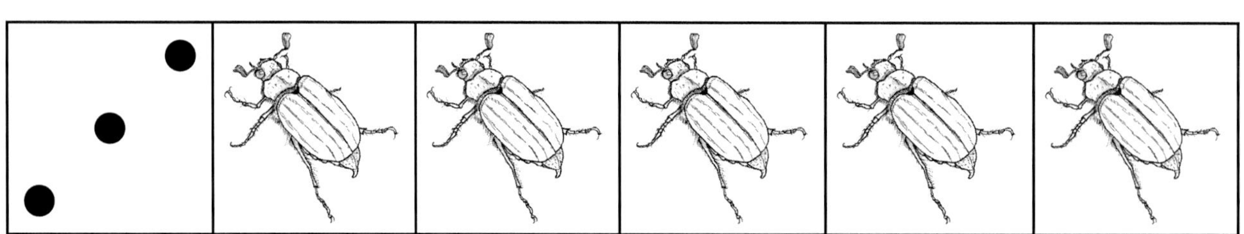

Sommerfest (ab 2 Jahren)

Material:

Für die Dekoration:

viel Grün, damit es so naturnah wie möglich aussieht, und Blumen in Töpfen/Vasen bzw. selbst gebastelte Blüten aus Papier

Aus diesem Heft eignen sich für das Fest folgende Angebote gut:

„Klingendes Mobile ‚Ich bin ein Schmetterling'" (s. S. 14), „Bunte Schmetterlinge" (s. S. 15), „Fensterbilder" (s. S. 15), „Bienenwaben" (s. S. 17/18), „Perlen-Libellen" (s. S. 20) und das „Glühwürmchen-Licht" (s. S. 36)

Für die Speisen:

Obst, Fruchtsäfte, Salate mit essbaren Blüten, die Zutaten/Rezepte aus der Rubrik „Gesundheit und Ernährung" (s. S. 26/27)

Für die Kostüme:

größere bunte Tücher und/oder dünne Stoffe, große Bögen Tonkarton mit hoher Grammatur in verschiedenen Farben, Scheren, evtl. Wasserfarben und Pinsel, Pfeifenreiniger in verschiedenen Farben, Kleber, Gummiband, Stirn-/Haarbänder, Haarspangen/-clips, Haarklammern/-schieber

Vorbereitung:

Dekorieren Sie mit den Kindern den Ort, an dem das Sommerfest stattfinden soll. Bei schönem Wetter können Sie draußen feiern. Bereiten Sie Speisen und Getränke zu. Besorgen Sie die Materialien für Kostüme und Spiele.

Arbeitsanleitung:

1. Variante „Insektenaugen"

- Schneiden Sie für die Insektenaugen übergroße Kreise aus Tonpapier aus und bemalen und bespritzen Sie diese mit blauen und grünen Wasserfarben.
- Schneiden Sie in jeden Kreis ein Loch hinein, damit das Kind hindurchschauen kann. Oben wird je ein Pfeifenreiniger als Fühler angeklebt.
- Kleben Sie die Insektenaugen nun an ein Gummiband. Passen Sie dieses dann den Köpfen der Kinder an und binden Sie es zusammen.

2. Variante „Insektenaugen"

Für diese Variante verfahren Sie wie bei der ersten, befestigen aber die „Augen" mit Haarspangen/-klammern an einem passenden Haarband. Die Kinder tragen dieses dann an der Stirn.

1. Variante „Insektenflügel"

Knoten Sie lange bunte Tücher/Stoffe an der Kleidung und – falls lang genug – an den Armen oder Handgelenken der Kinder fest. Alternativ können die „Flügel" auch nur an der Kleidung befestigt werden und die Kinder halten die Tücher fest, wenn sie wie ein Insekt „herumfliegen".

2. Variante „Insektenflügel"

Schneiden Sie aus dem Tonkarton Flügel zurecht und bemalen Sie diese. Kleben Sie die Flügel an ein Gummiband. Passen Sie dieses dann an den Körper der Kinder an und binden Sie es zusammen.

Spielideen:

Besonders gut für das Sommerfest eignen sich die Bewegungsspiele „Von Bienchen und Blümchen" (s. S. 11), „Bewegungsgeschichte: Lebenszyklus eines Schmetterlings" (s. S. 45), „Wie bewegt sich das Insekt?" (s. S. 46/47) und „Wer bin ich? Wer bist du?" (s. S. 48). Aber auch andere Spiele wie zum Beispiel das „Farbspiel ‚Am Libellenteich'" (s. S. 12) und „Das Pappkäfer-Spiel" (s. S. 19) können an verschiedenen Stationen durchgeführt werden.

Glühwürmchen-Licht (ab 4 Jahren)

Material:
1 Toilettenpapierrolle pro Kind, schwarze Acrylfarbe, Pinsel, weißes oder pastellfarbenes Papier mit niedriger Grammatur oder Transparentpapier, Acryl- oder Wasserfarben und Pinsel, Scheren, Klebeband, schwarzes und weißes Tonpapier, weiße Kreide, schwarze Pfeifenreiniger, 2 Wackelaugen pro Kind, Kleber, 1 LED-Teelicht pro Kind, ggf. einige Klarsichthüllen und Bücher zum Beschweren

Vorbereitung:
Schneiden Sie aus dem (Transparent-)Papier für jedes Kind ein Rechteck aus. Es sollte – plus Zugabe zum Zusammenkleben – so groß sein, dass es zusammengerollt genau in die Toilettenpapierrolle passt.

Arbeitsanleitung:

1. Schneiden Sie mit der Schere (bis etwa zur Mitte hin) eine oben abgerundete „Tür" aus der Toilettenpapierrolle aus.

2. Bemalen Sie anschließend die Papprollen mit schwarzer Acrylfarbe.

3. Falls weißes Papier für das Rechteck verwendet wird, können die Kinder dieses mit Wasserfarben bemalen oder bespritzen. Legen Sie die Bögen anschließend zwischen zwei Klarsichthüllen o. Ä. und beschweren Sie diese zum Beispiel mit Büchern, damit sich das Papier nicht wellt, und lassen Sie sie trocknen.

4. Rollen Sie das Rechteck zusammen und schieben Sie es in die Papprolle. Damit es hält, fixieren Sie es innen an den Schnittstellen mit Klebeband. Das ist der „Bauch" des Glühwürmchens, der später leuchten wird.

5. Schneiden Sie für jede Rolle zwei Flügel aus (s. Foto) und kleben Sie diese hinten an die Rolle.

6. Schneiden Sie dann einen Kreis aus schwarzem Tonpapier aus. Kleben Sie die Wackelaugen darauf und malen Sie mit der weißen Kreide einen Mund darunter. Das Glühwürmchen-Gesicht wird nun an den oberen Rand der Rolle über den „Bauch" geklebt.

7. Schneiden Sie die Pfeifenreiniger als Fühler (2 Stück) und Füße (4 Stück, etwas kürzer) zurecht und kleben Sie je zwei Fühler von hinten an den Kopf des Glühwürmchens. Auf Höhe der Flügel und darunter (s. Foto) werden die Füße befestigt.

8. Zum Schluss machen Sie die LED-Teelichter an und setzen die fertigen Glühwürmchen darauf.

Tipp:
Die Glühwürmchen-Lichter eignen sich gut, um in ihrem gemütlichen Schein einen besonderen Anlass zu feiern.

Die richtige Reihenfolge (ab 4 Jahren)

Schaue dir die Reihenfolge der Dinge genau an.
Schneide die Kärtchen unten aus.
Lege die richtigen Kärtchen in die freien Kästchen.

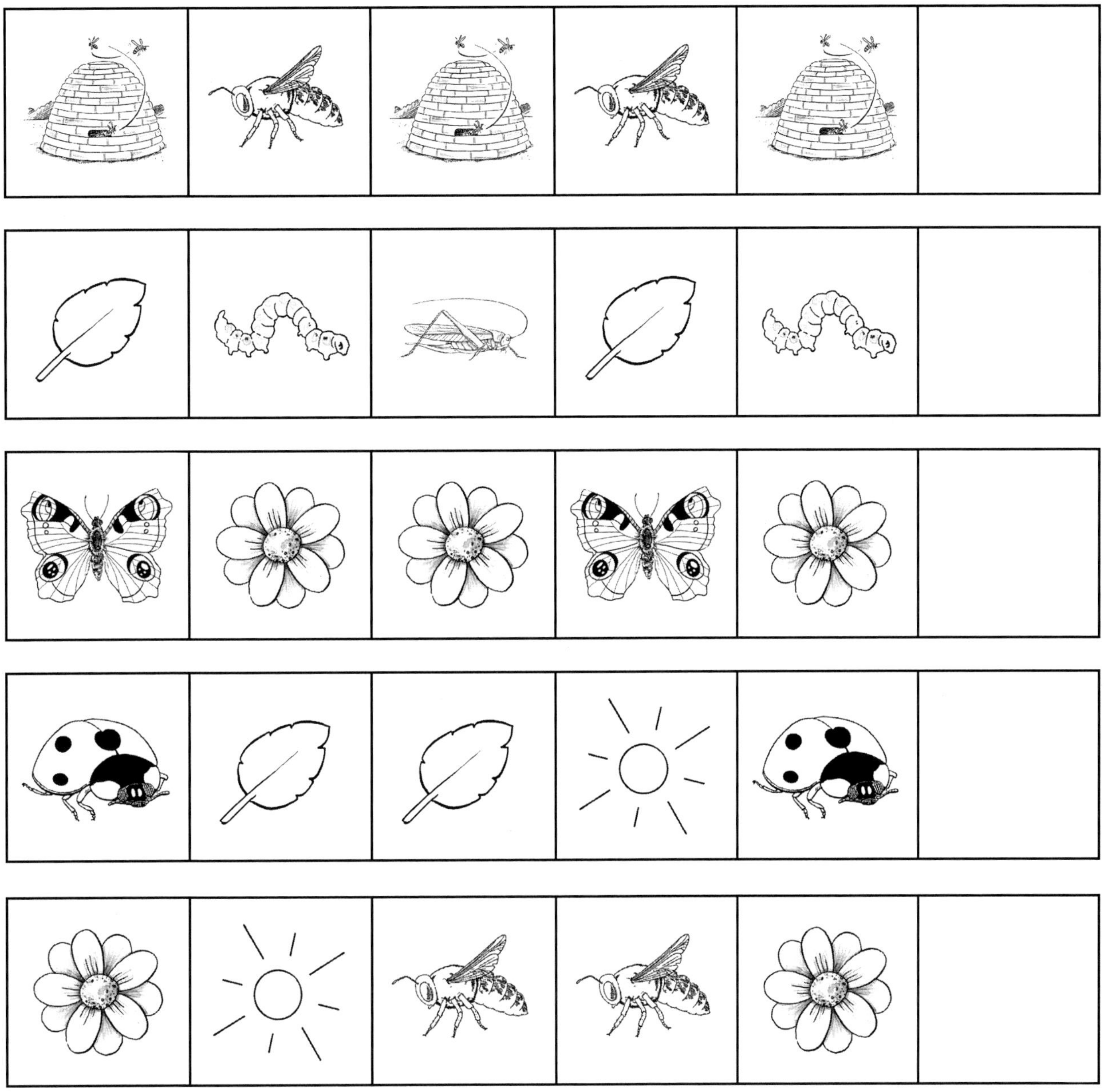

BVK • Angelica Back: Kita aktiv „Projektmappe Insekten"

Die Raupe wächst – Ein Experiment (ab 4 Jahren)

Material:
Kosmetik- oder Küchentücher aus Papier, Filzstifte, dünne Holzstäbchen / Stöckchen in der Länge des Küchentuchs (oder Bleistifte und Papiertuch entsprechend kürzen), 1 Tablett oder 1 alter Teller, 1 Glas / Becher mit Wasser, evtl. 1 Pipette, Bilder von Raupen (in Büchern oder aus dem Internet)

Vorbereitung:
Besorgen Sie die Materialien und schauen Sie sich gemeinsam mit den Kindern (in einem Buch oder im Internet) Bilder von Raupen an.

Arbeitsanleitung:
1. Jedes Kind hat ein Papiertuch vor sich liegen und wählt von den Filzstiften entsprechende Farben aus, die es bei den Raupen auf den Bildern gesehen hat.
2. Mit den Stiften malen die Kinder nun Muster auf das Papiertuch (einfache Streifen reichen aus).
3. Das Papiertuch wird dann mit dem Holzstäbchen / Bleistift so gleichmäßig und fest wie möglich aufgerollt. Dabei benötigen die Kinder vermutlich Hilfe.
4. Anschließend schieben die Kinder das Papiertuch an beiden Seiten zusammen und ziehen das Stäbchen oder den Stift vorsichtig heraus. Das Papier sollte so zusammengedrückt bleiben.
5. Wer will, kann jetzt noch mit einem Filzstift ein paar dunkle Punkte auf die Rolle tupfen.
6. Diese „Raupen“ werden nun auf ein Tablett oder einen Teller gelegt und mit wenig Wasser gleichmäßig beträufelt. Dafür eignet sich eine Pipette gut. Nun können die Kinder dabei zusehen, wie die Raupe wächst.

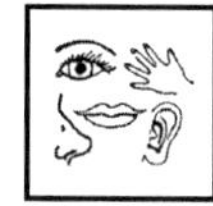

Punktmalerei (ab 4 Jahren)

Material:
Kopiervorlage „Punktmalerei“ (s. S. 39), gebrauchsfertige Farben (Acryl-, Aquarell- oder Fingerfarben), Wattestäbchen, Papier mit höherer Grammatur

Vorbereitung:
Kopieren Sie die Vorlage „Punktmalerei“ mehrfach auf das Papier mit der höheren Grammatur. Jedes Kind bekommt eine Vorlage und einige Wattestäbchen. Die Farben liegen für alle Kinder erreichbar auf dem Arbeitstisch.

Arbeitsanleitung:
Die Aufgabe der Kinder ist es nun, Wattestäbchen in die Farbe zu tunken und Punkte in die Bilder zu tupfen.

Kopiervorlage „Punktmalerei“

(Bitte hochkopieren!)

Auf der Sommerwiese (ab 3 Jahren)

Material:
Kopiervorlagen „Auf der Sommerwiese – Kärtchen“ (s. u.) und „Auf der Sommerwiese“ (s. S. 41), Schere, Buntstifte

Arbeitsanleitung:
1. Kopieren Sie die Vorlagen für jedes Kind und schneiden Sie die Kärtchen aus.
2. Die Kinder legen nun die Kärtchen in die richtigen Felder.
3. Sind alle Kärtchen richtig aufgelegt, werden sie aufgeklebt.
4. Anschließend kann das Bild mit Buntstiften ausgemalt werden.

Kopiervorlage „Auf der Sommerwiese – Kärtchen“

Kopiervorlage „Auf der Sommerwiese“

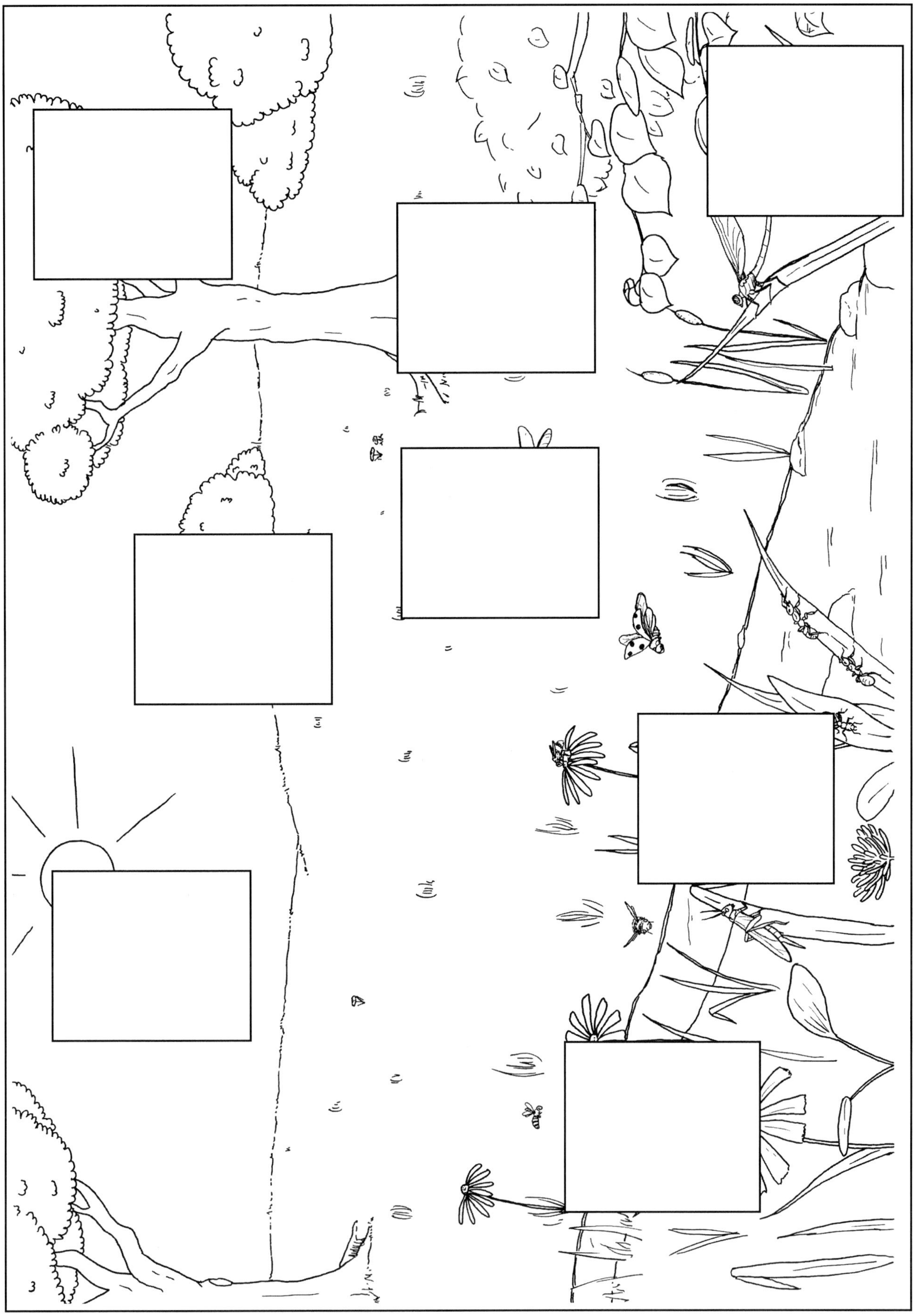

BVK • Angelica Back: Kita aktiv „Projektmappe Insekten“

Schmetterlings-Puzzle (ab 3 Jahren)

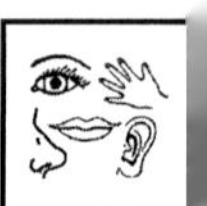

Material:
Kopiervorlage „Schmetterlings-Puzzle – Teil 1“ (s. u.), Kopiervorlage „Schmetterlings-Puzzle – Teil 2“ (s. S. 43), Schere, Buntstifte, ggf. Kleber

Arbeitsanleitung:
1. Kopieren Sie die Vorlagen für jedes Kind und schneiden Sie die Kärtchen mit den Schmetterlingshälften einzeln aus.
2. Die Aufgabe der Kinder ist es, den Schmetterlingen die richtigen Flügelhälften zuzuordnen.
3. Anschließend können die richtigen Hälften aufgeklebt und die Bilder mit Buntstiften ausgemalt werden.

Kopiervorlage „Schmetterlings-Puzzle – Teil 1“

Kopiervorlage „Schmetterlings-Puzzle – Teil 2“

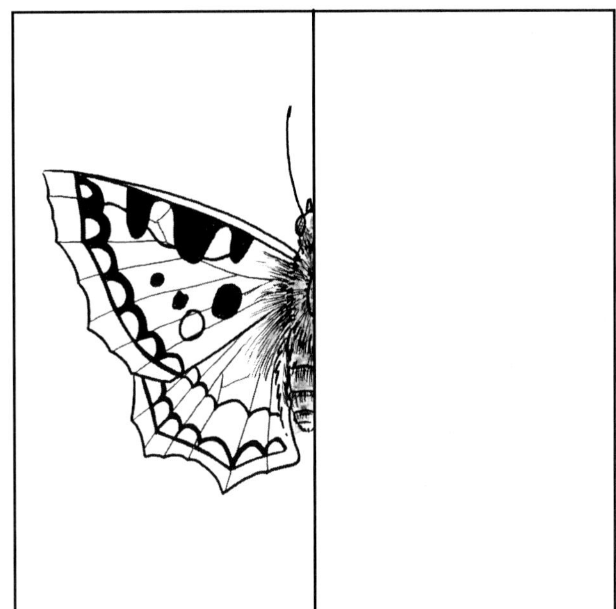

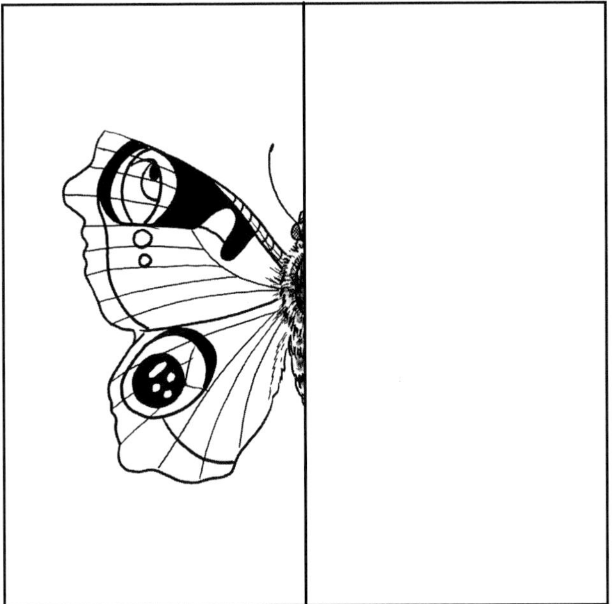

Bienentanz (ab 3 Jahren)

Fahre jede Linie mit einem andersfarbigen Buntstift nach.

BVK • Angelica Back: Kita aktiv „Projektmappe Insekten“

Bewegungsgeschichte: Der Lebenszyklus eines Schmetterlings (ab 2 Jahren)

Material:
bequeme Kleidung, eventuell bunte Tücher

Vorbereitung:
Dieses Angebot findet am besten im Bewegungsraum statt, damit alle teilnehmenden Kinder genug Platz haben, um den Schmetterlingszyklus darzustellen. Falls bunte Tücher zur Hand sind, befestigen Sie diese als Schmetterlingsflügel an der Bekleidung der Kinder.

Bewegungsgeschichte: Der Lebenszyklus eines Schmetterlings

Auf einem großen Blatt hat ein Schmetterling viele kleine weiße Eier abgelegt.
(Alle Kinder knien sich auf den Boden und beugen sich nach vorn. Sie stellen die vom Schmetterlingsweibchen gelegten Eier dar.)

In diesen Eiern wachsen nun die kleinen Larven heran, bis sie aus den Eiern schlüpfen. Dann krabbeln sie als Raupen auf den Blättern herum, um so viel wie möglich von dem frischen Grün zu futtern.
(Die Kinder strecken sich nach vorne, bis sie auf dem Bauch liegen. Sie rutschen und krabbeln nun auf dem Boden wie eine Schmetterlingsraupe. Dabei imitieren sie das Fressen von Blättern.)

Nach einer Weile sind die kleinen Raupen pappsatt. Kein Blatt geht mehr in sie hinein und es wird Zeit, sich für längere Zeit auszuruhen. Während dieser Ruhezeit verwandeln sich die Raupen in „Puppen“. Das bedeutet, dass sie aus ihrem Körper heraus einen Faden spinnen, in den sie sich einwickeln. Diese Hüllen, die mit der Zeit härter werden, nennt man „Kokon“.
(Die Kinder setzen sich auf den Boden, winkeln die Beine an und halten die Hände vor ihre Gesichter. Sie bleiben dabei ganz still sitzen und bewegen sich nicht mehr.)

Die Raupen verändern nun im Kokon ihre Gestalt und verwandeln sich in einen Schmetterling. Wenn die Verwandlung abgeschlossen ist, platzt der Kokon und ein schöner Schmetterling schlüpft heraus. Die Schmetterlinge sitzen jetzt noch eine Weile in der Sonne, damit sich ihre neuen Flügel entfalten und trocknen können. Dann fliegen sie los und suchen Nektar, den sie in den Wildblumen auf der Wiese finden.
(Die Kinder stehen ganz langsam auf. Sie recken und strecken sich, damit sich ihre „Flügel“ entfalten können. Dann flattern sie wie Schmetterlinge im ganzen Raum umher.)

Wie bewegt sich das Insekt? (ab 3 Jahren)

Material:
Kopiervorlage „Wie bewegt sich das Insekt?“ (s. S. 47), Schere, Kleber, Buntstifte

Vorbereitung:
Kopieren Sie die Vorlage und kolorieren Sie diese mit Buntstiften. Kleben Sie anschließend den Würfel zusammen.

Spielanleitung:
Es wird reihum gewürfelt. Die Erzieherin liest vor, was das Kind gewürfelt hat, und das Kind macht die entsprechende Bewegung oder das Geräusch des Insekts. Dann ist das nächste Kind an der Reihe.

Variante:
Das Kind, das an der Reihe ist, setzt sich von den anderen etwas weiter weg und würfelt dort, sodass keiner das Ergebnis sieht (z. B. an einem kleinen Tisch oder auf dem Boden). Flüstern Sie dem Kind ins Ohr, was auf dem Würfel steht. Das Kind bewegt sich dann entsprechend oder macht das Geräusch. Die anderen Kinder müssen nun raten, welches Insekt dargestellt wird.

Hinweis:
Das Spiel lässt sich am besten spielen, wenn die Kinder schon ein wenig Wissen über Insekten gesammelt haben.

Tipp:
Wenn die Kinder schon alle Insekten und ihre Bewegungen auf dem Würfel kennen, können Sie die vorhandenen Darstellungen mit neuen Bildern (z. B. aus dem Internet) und Anweisungen überkleben.

Kopiervorlage „Wie bewegt sich das Insekt?“

Heuschrecke

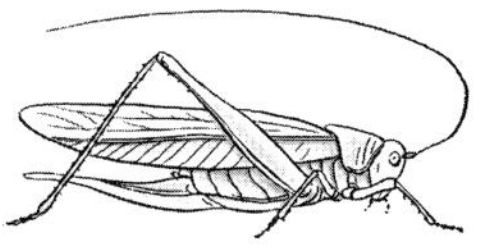

Hüpfe wie eine Heuschrecke!

Biene

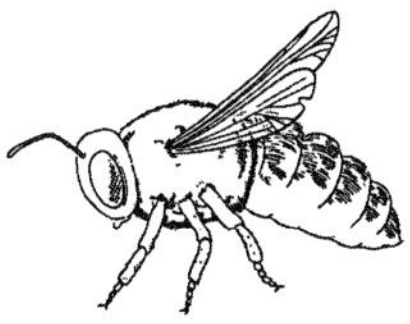

Fliege und summe wie eine Biene!

Ameise

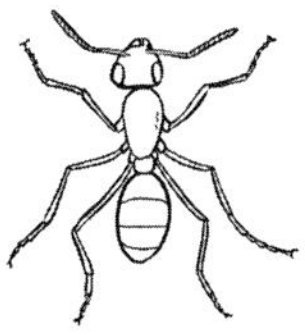

Krabble schnell wie eine Ameise!

Schmetterling

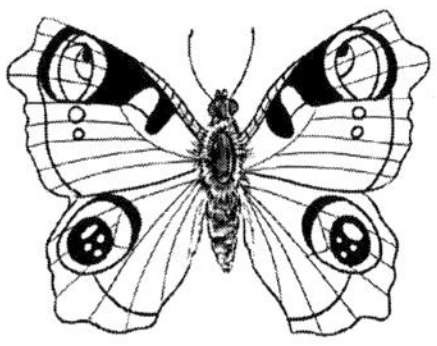

Flattere wie ein Schmetterling!

Raupe

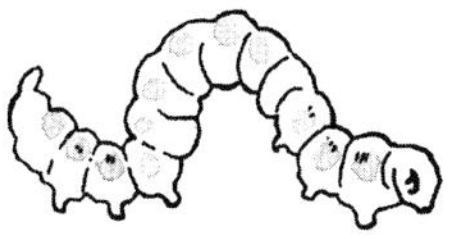

Krieche wie eine Raupe!

Mistkäfer

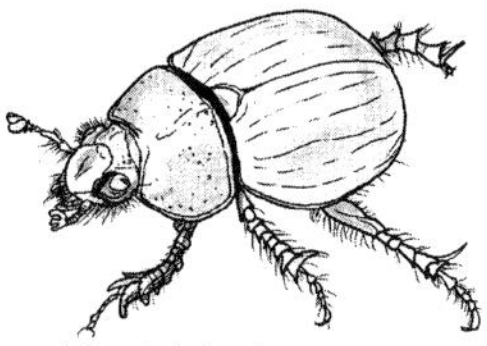

Krabble langsam wie ein Mistkäfer!

.... = schneiden
– – – = knicken

Wer bin ich? Wer bist du? (ab 2 Jahren)

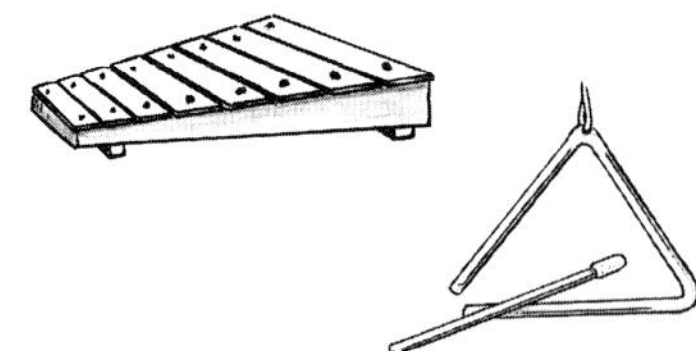

Material:
fröhliche / beschwingte Instrumentalmusik (CD), 1 CD-Player,
1 Instrument nach Wahl (Klangschale, Glockenspiel, Triangel etc.),
evtl. Verkleidung

Vorbereitung:
Dieses Angebot findet idealerweise im Bewegungsraum statt. Bei schönem Wetter und einem sicheren Gelände ohne Stolperfallen kann das Spiel auch draußen durchgeführt werden. Die Kinder überlegen sich, welches Insekt sie darstellen möchten, und üben typische Bewegungen und eventuelle Geräusche / Stimmen ein.

Nach Wunsch können sich die Kinder auch passend verkleiden. Einige Anleitungen für Insektenflügel und -augen finden Sie auf Seite 35 im Angebot „Sommerfest“. Auf diese Weise fällt es den Kindern besonders leicht, in die Rolle des Insekts zu schlüpfen und mit anderen, ihm eventuell noch fremden Kindern, zu interagieren.

Spielanleitung:
1. Schalten Sie die Musik ein. Die Kinder bewegen sich wie ihr ausgewähltes Insekt durch den Raum und machen typische Geräusche. Ob ein Kind temperamentvoll durch den Raum springt oder eher ruhig „dahinschwebt“ – jedes Kind verhält sich so, wie es ihm beliebt.
2. Lassen Sie dann plötzlich das Instrument erklingen. (Es sollte trotz der im Hintergrund laufenden Musik noch hörbar sein.) Die Kinder bleiben stehen, wo sie gerade sind, und stellen sich dem ihm am nächsten stehenden Kind vor. Das eine Kind sagt zum Beispiel: „Hallo, ich bin Sofia, die Libelle.“ Das andere Kind könnte darauf antworten: „Schön, dich kennenzulernen. Ich bin Alexander, der Maikäfer.“ Dann geben sich die Kinder die Hände oder umarmen sich. Wenn wieder das Instrument ertönt, „fliegen“ oder „springen“ sie weiter, bis alles von vorn losgeht.
3. Wenn sich die gleichen Kinder begegnen, sprechen sie sich, anstatt sich vorzustellen, mit dem (hoffentlich) gemerkten Namen an, beispielsweise: „Du bist doch Sofia, die Libelle!“
4. Das Spiel kann entweder so lange durchgeführt werden, bis sich alle kennengelernt haben, oder bis Sie merken, dass die Kinder keine Lust mehr haben.

Tipp:
Statt typische Bewegungen und Geräusche der Insekten zu imitieren, können die Kinder auch einfach nur durch den Raum laufen oder tanzen.

Hinweis:
Dieses Bewegungsspiel eignet sich gut zum spielerischen Kennenlernen, wenn Kinder neu in die Gruppe gekommen sind.